CONSTITUIÇÃO, LEI PENAL E CONTROLO DE CONSTITUCIONALIDADE

CONSTITUIÇÃO, LEI PENAL E CONTROLO DE CONSTITUCIONALIDADE

2020

Maria João Antunes
Professora Associada com Agregação
da Faculdade de Direito da Universidade de Coimbra

ALMEDINA

**CONSTITUIÇÃO, LEI PENAL
E CONTROLO DE CONSTITUCIONALIDADE**

AUTOR: Maria João Antunes
DIAGRAMAÇÃO: Almedina
DESIGN DE CAPA: FBA
ISBN: 9788584935987

Dados Internacionais de Catalogação na Publicação (CIP)
(Câmara Brasileira do Livro, SP, Brasil)

Antunes, Maria João
Constituição, lei penal e controlo de
constitucionalidade / Maria João Antunes. --
São Paulo : Almedina, 2020.

Bibliografia
ISBN 978-85-8493-598-7

1. Direito constitucional 2. Direito penal
3. Leis - Constitucionalidade 4. Leis -
Constitucionalidade - Controle I. Título.

20-32549 CDU-342:343

Índices para catálogo sistemático:

1. Constitucionalidade e direito penal : Controle : Direito 342:343
2. Direito penal e constitucionalidade : Controle : Direito 342:343
Maria Alice Ferreira - Bibliotecária - CRB-8/7964

Este livro segue as regras do novo Acordo Ortográfico da Língua Portuguesa (1990).

Março, 2020

EDITORA: Almedina Brasil
Rua José Maria Lisboa, 860, Conj.131 e 132, Jardim Paulista | 01423-001 São Paulo | Brasil
editora@almedina.com.br
www.almedina.com.br

ABREVIATURAS

Ac. – Acórdão
Acs. – Acórdãos
ADI – Ação direta de inconstitucionalidade (Brasil)
ADO – Ação direta de inconstitucionalidade por omissão (Brasil)
ADPF – Arguição de Descumprimento de Preceito Fundamental (Brasil)
BVerfGE – Entscheidungen des Bundesverfassungsgericht (Alemanha)
CEDH – Convenção Europeia dos Direitos do Homem
CRP – Constituição da República Portuguesa
CRFB – Constituição da República Federativa do Brasil
CP – Código Penal
CPP – Código de Processo Penal
HC – Habeas Corpus (Brasil)
RE – Recurso Extraordinário (Brasil)
STF – Supremo Tribunal Federal (Brasil)
TC – Tribunal Constitucional
TEDH – Tribunal Europeu dos Direitos do Homem

ÍNDICE

INTRODUÇÃO

1. O presente texto tem na sua base o relatório apresentado em cumprimento do disposto nos artigos 5.º, alínea *b)*, do Decreto-Lei n.º 239/2007, de 19 de junho, e 93.º, n.º 1, do *Regulamento Académico da Universidade de Coimbra* (Regulamento n.º 341/2015, *Diário da República*, 2.ª Série, de 17 de junho), para a obtenção do título académico de agregado[1].

O relatório incidiu sobre um seminário especializado, de frequência obrigatória no primeiro semestre, para os doutorandos na área de especialização em "Ciências Jurídico-Criminais", do curso de doutoramento que a Faculdade de Direito da Universidade de Coimbra organiza, desde o ano letivo 2008/2009, no âmbito do 3.º ciclo de estudos. O seminário sobre o qual incidiu o relatório corresponde a uma das unidades curriculares do curso e tem como objeto *o direito penal e a Constituição.*

As relações entre o direito penal e a Constituição integram o programa da unidade curricular Direito Penal I, logo no 1.º ciclo de estudos em direito da Faculdade de Direito da Universidade de Coimbra, acompanhando a evolução que se verificou no sentido de a legitimidade da intervenção penal ter passado a ser discutida também por referência a disposições e a princípios jurídico-constitucionais. Se nas *Lições* de Eduardo Correia nos damos conta de uma caracterização do direito criminal apenas como "ramo de direito público autónomo, criador de ilicitude", por contraposição a outros ramos do direito ordinário (civil, administrativo, fiscal), sem especificação do direito constitucional[2], o mesmo já não acontece nas *Lições* que lhe sucederam.

[1] As provas de agregação foram requeridas ao reitor da Universidade de Coimbra em outubro de 2016, mas só tiveram lugar em outubro de 2018, não obstante os prazos legalmente fixados. Impõe-se, por isso, que se proceda agora à atualização do texto que então acompanhou o requerimento.

[2] Cf. *Direito Criminal* I, p. 10 e ss.

Em Figueiredo Dias encontramos a mesma caracterização do direito penal como "um ramo ou uma parte integrante do **direito público**", "**autónomo** e **criador de uma específica ilicitude penal**", acompanhada do entendimento de haver uma "estreitíssima conexão" entre o direito constitucional e o direito penal, reforçada pela dupla circunstância de as penas e as medidas de segurança representarem, pela sua própria natureza, negações ou fortíssimas limitações a direitos fundamentais das pessoas e de decorrer do artigo 18.º, n.º 2, da Constituição uma *relação de mútua referência entre a ordem axiológica jurídico-constitucional e a ordem legal dos bens jurídicos que ao direito penal cumpre tutelar*[3]. E em Faria Costa o entendimento de que o direito penal "é antes de tudo direito público de pórtico constitucional", porquanto, "de modo indesmentível, as 'constituições', tendo em conta a natureza dos valores com que o direito penal se 'faz' – valores essenciais da comunidade –, não podiam, em caso algum deixar de lavrar a sua narrativa sobre a conflitualidade inerente a toda a normatividade penal". Ainda que os textos da Lei Fundamental não venham, propriamente, legitimar o direito penal, "mas antes limitar o âmbito do penalmente relevante e ainda circunscrever as margens da punibilidade"[4].

2. As relações entre o direito penal e a Constituição não precisarão de ser encarecidas para as justificar enquanto objeto de um seminário especializado do 3.º ciclo de estudos. Segundo Hassemer é mesmo acertado e promissor o desenvolvimento da conexão entre a tradição teórica do direito penal, um direito que levanta limites à luta contra o crime, e a jurídico-constitucional, uma vez que a Constituição traça limites à intervenção estadual no exercício do poder punitivo[5]. De um outro ponto de vista – o de Otto Lagodny[6] – o direito penal enfrenta mesmo um *défice explicativo não negligenciável que só o direito constitucional pode satisfazer, com a participação obrigatória do direito penal.*

Sem a pretensão, que seria sempre utópica, de esgotar o tema das relações entre o direito penal e a Constituição e considerando que se trata de um seminário especializado do 3.º ciclo, o programa da unidade curricular está dirigido, a título principal, para a problemática da legitimidade da intervenção penal, por referência à Constituição, especificamente no que toca

[3] Cf. *Direito Penal. Parte Geral. Questões Fundamentais. A Doutrina Geral do Crime*, Cap. 2.º, § 7. Especificamente sobre esta relação, cf., ainda, Cap. 6.º, § 24 e s.

[4] Cf. *Direito Penal*, pp. 72 e ss. e 115 e ss.

[5] Cf. "Puede haber delitos que no afectem a un bien jurídico penal?", p. 92 e s. Sobre isto também Maria Fernanda Palma, *Direito Constitucional Penal*, p. 23 e ss.

[6] Cf. "El Derecho penal sustantivo como piedra de toque de la dogmática constitucional", p. 130.

à definição legal do que é que é crime, testando o conceito de bem jurídico enquanto padrão crítico das normas penais constituídas e a constituir. Num tempo que não é mais o do *primado normativo* da Constituição nacional, é o tema do direito penal do bem jurídico que se problematiza, que se aprofunda e que se atualiza, sempre no pressuposto de que a força normativa da Constituição perante o legislador penal depende também do controlo da conformidade constitucional da lei que criminaliza comportamentos, bem como da que os descriminaliza. E sempre com a intenção de sinalizar outras matérias que relevam para as relações entre o direito penal e a Constituição, nomeadamente as que se prendem com o princípio da legalidade criminal e com os limites e fundamentos das sanções criminais.

As relações entre a lei penal, a Constituição e a jurisdição constitucional são e continuarão a ser uma realidade. O caminho do futuro far-se-á, porém, enfrentando o desalento instalado por as opções expansionistas do legislador penal serem, muitas vezes, apenas politicamente corretas, fazendo cair por terra a crença na categoria do bem jurídico digno de pena e necessitado de tutela penal enquanto padrão crítico de quem legisla. Desalento ao qual se junta a deceção quanto às virtudes da categoria do bem jurídico enquanto parâmetro de controlo da conformidade constitucional das normas incriminadoras, por haver cedências de mais à margem de liberdade do legislador democrático e de menos à força normativa da Constituição, que o princípio da proporcionalidade e outros princípios também não têm acautelado. Trata-se de um fenómeno geral em países para os quais o Estado constitucional de direito também foi sinónimo de proteção jurisdicional dos direitos fundamentais e de lei penal fundada na Constituição. Não apenas limitada por ela.

A abordagem far-se-á a partir da evolução da Constituição como *limite* do direito penal para a Constituição também como *fundamento* do direito penal, da evolução para a constitucionalização dos direitos fundamentais e para o controlo consequente de constitucionalidade e da evolução para a existência de outros vínculos além dos nacionais e para a proteção multinível dos direitos. O que se problematiza tem que ver, nomeadamente, com manifestações atuais da intervenção penal no seu confronto com disposições e princípios constitucionais e, particularmente, perante um conceito de bem jurídico que intentava ser padrão crítico do legislador penal e dos tribunais constitucionais; os parâmetros de controlo da constitucionalidade de normas penais na sua harmonização entre o princípio da constitucionalidade e o princípio da maioria; os direitos fundamentais e os interesses constitucionalmente protegidos como referente de legitimação material do direito penal;

a existência de imposições constitucionais expressas (e implícitas) de criminalização e o seu sentido nas relações entre o legislador e os tribunais constitucionais e entre o legislador constituinte e o legislador ordinário; a identificação de proibições constitucionais de criminalização fundadas em direitos e princípios constitucionais; e com as vias de superação de um controlo de constitucionalidade de normas penais que se tem revelado limitado (e autocontido).

O texto que se segue a esta Introdução corresponde à justificação de conteúdos do programa da unidade curricular *Direito Penal e Constituição* que agora se reproduz e que integrou o relatório apresentado:

I. Introdução

1. Disposições e princípios constitucionais em matéria penal.

1.1. O exemplo português, brasileiro, alemão, espanhol e italiano, por referência ao texto da Constituição. Jurisprudência constitucional portuguesa pertinente. Introdução à temática dos imperativos constitucionais de criminalização.

1.2. Princípios jurídicos e princípios hermenêuticos. Relevância da distinção no âmbito dos parâmetros de controlo de constitucionalidade.

1.3. Princípios jurídico-constitucionais implícitos em matéria penal. Referências doutrinais e jurisprudenciais.

1.4. Princípios jurídico-constitucionais gerais em matéria penal. Especial referência ao princípio da igualdade.

1.5. Princípios e regras constitucionais. Relevância da distinção no controlo de constitucionalidade.

2. Constituição e garantia jurisdicional da Constituição.

2.1. Modelos de controlo de constitucionalidade em geral (o controlo difuso norte-americano, o controlo concentrado austríaco e o modelo francês do Conselho Constitucional). O modelo português e o brasileiro em particular.

2.2. Objeto do controlo de constitucionalidade. O recurso de amparo espanhol e a queixa constitucional alemã. O recurso constitucional português como recurso de atos normativos. Da relevância do objeto para um controlo efetivo do controlo de constitucionalidade de normas penais incriminatórias.

2.3. Legitimidade processual constitucional em sede de fiscalização abstrata. Da sua relevância para um controlo efetivo do controlo de constitucionalidade de normas penais incriminatórias.

2.4. Conteúdo e efeitos da decisão de inconstitucionalidade. Da sua relevância no controlo de normas penais incriminatórias e para um controlo efetivo de tais normas. Decisões interpretativas. Decisões manipulativas. Decisões de mera declaração de incompatibilidade (remissão para Sentença do Tribunal Constitucional alemão de 4 de maio de 2011). A lei penal inconstitucional de conteúdo menos favorável e a de conteúdo mais favorável.

2.5. O princípio da constitucionalidade, a garantia jurisdicional da Constituição e a relação de tensão entre o legislador democrático e o tribunal constitucional (o supremo tribunal). A autocontenção judicial (*judicial self-restraint*) e a liberdade de conformação do legislador.

2.5.1. A presunção de não inconstitucionalidade da lei.

2.5.2. A distinção entre regras e princípios. Direitos fundamentais como princípios.

2.5.3. Critérios de concretização dos parâmetros de controlo de constitucionalidade.

2.5.4. O juiz constitucional como intérprete (um dos intérpretes) da Constituição.

2.6. Os poderes de controlo dos tribunais constitucionais de um ponto de vista crítico. Por uma *Constituição do povo*. Por uma *Constituição de direitos*. Breve referência ao *constitucionalismo popular*.

II. Da Constituição como limite à Constituição também como fundamento do direito penal.

1. Antecedentes. Evolução.

1.1. A posição doutrinal de Franco Bricola ("modelo forte").

1.2. A posição doutrinal de Figueiredo Dias (modelo de "relação de mútua referência entre a ordem axiológica jurídico-constitucional e a ordem legal dos bens jurídicos que ao direito penal cumpre tutelar").

1.3. Outros modelos.

1.4. Posições doutrinais críticas. A posição doutrinal de Faria Costa.

2. A ordem de valores jurídico-constitucional, enquanto ordem de referência da ordem legal dos bens jurídicos que ao direito penal cumpre tutelar, como ordem de valores implícitos e como ordem de valores em relação de pressuposição. A ordem de valores jurídico-constitucional e a "sociedade aberta de intérpretes constitucionais". A ordem de valores jurídico-constitucional como ordem que não limita a ordem legal dos bens jurídicos que ao direito penal cumpre tutelar.

3. De um conceito *formal* para um conceito *material* de crime a partir da categoria do bem jurídico.

3.1. A categoria do bem jurídico como *padrão crítico* de normas penais vigentes e futuras.

3.1.1. O princípio da proteção de bens jurídicos enquanto *diretriz político-criminal* dirigida a quem legisla.

3.1.2. O princípio da proteção de bens jurídicos enquanto *parâmetro* dirigido a quem controla a conformidade constitucional da lei penal.

3.2. A recusa do princípio da proteção de bens jurídicos para o efeito de controlo de constitucionalidade de normas penais incriminatórias. A decisão do Tribunal Constitucional alemão no *caso do incesto.*

3.3. A crise de um conceito material de crime assente na função de tutela de bens jurídicos. Posições doutrinais contra e a favor do direito penal do bem jurídico.

4. Do Estado legislativo de direito para o Estado constitucional. A positivação constitucional de direitos. A ordem jurídico-constitucional como ordem de proteção de direitos fundamentais.

4.1. A referência da ordem legal dos bens jurídico-penais aos direitos fundamentais constitucionalmente consagrados.

4.2. O princípio da proporcionalidade das restrições aos direitos fundamentais. A *proibição de excesso* e a *proibição de insuficiência.* A decisão do Tribunal Constitucional alemão na 1.ª decisão sobre a interrupção voluntária da gravidez.

4.3. Imposições constitucionais de criminalização. Expressas. Implícitas. Absolutas. Relativas. Precisão conceitual.

4.4. Proibições constitucionais de criminalização por referência a direitos fundamentais. A decisão do Supremo Tribunal Federal brasileiro no caso da *marcha pela legalização do consumo da maconha.* As decisões do Tribunal Constitucional espanhol e do Conselho Constitucional francês nos *casos de negação do genocídio.* A decisão do Tribunal Constitucional português que inclui o *princípio da legalidade* no âmbito dos parâmetros de controlo da constitucionalidade das normas penais, enquanto dele decorre a proibição do recurso à analogia incriminatória. Breve referência.

III. Controlo de constitucionalidade de normas penais incriminadoras

1. Proibições constitucionais de incriminação fundadas em direitos fundamentais e na proibição constitucional de discriminação. Controlo forte.

A Sentença do Tribunal Constitucional espanhol 235/2007, a Decisão do Conselho Constitucional francês 2012-647 DC e o Acórdão do Tribunal Constitucional português n.º 183/2008. A Sentença do Tribunal Constitucional espanhol de 59/2008 e o Acórdão do Tribunal Constitucional português n.º 247/2005.

2. Imposições constitucionais de criminalização (expressas e implícitas). A problemática da subsistência da margem de conformação do legislador e do controlo de constitucionalidade da omissão legislativa.

3. Parâmetros de controlo quando não haja proibições ou imposições constitucionais de incriminação. Da importância da distinção dos casos em que da própria incriminação resulta uma restrição de direitos fundamentais do agente da prática do crime dos casos em que esta restrição decorre somente da imposição de uma sanção a este agente. Da relevância dos direitos fundamentais de quem o legislador identifica como vítima do crime.

3.1. O princípio jurídico-constitucional do bem jurídico.

3.1.1. Os critérios da dignidade penal do bem jurídico e da necessidade de pena (carência de tutela penal). A indispensabilidade de um juízo ulterior – autónomo – sobre a proporcionalidade da pena prevista no tipo legal de crime.

3.1.2. A vinculação da norma penal incriminatória ao artigo 18.º, n.º 2, da Constituição da República Portuguesa.

3.1.2.1. A restrição de direitos fundamentais para salvaguarda de outros direitos *ou* interesses constitucionalmente protegidos.

3.1.2.2. A restrição de direitos fundamentais para salvaguarda de outros direitos ou interesses com proteção *infraconstitucional*.

3.2. O princípio da proporcionalidade.

3.2.1. Fundamentação constitucional do princípio.

3.2.2. Os subprincípios da adequação, da necessidade e da proporcionalidade em sentido estrito.

3.2.3. O conceito de bem jurídico e o princípio da proporcionalidade.

3.2.4. O princípio da proporcionalidade como alternativa ao princípio do direito penal do bem jurídico. Da desejável congruência (ou incongruência) entre critérios doutrinais e jurisprudenciais.

3.3. Análise e discussão de decisões da jurisprudência constitucional e apreciação e discussão de normas incriminatórias do ponto de vista jurídico-constitucional.

3.3.1. A incriminação do incesto e a decisão do Tribunal Constitucional alemão de 2008.

3.3.2. A incriminação do lenocínio, do enriquecimento ilícito/injustificado e da importunação sexual através de constrangimento a contato de natureza sexual e as decisões do Tribunal Constitucional de 2004, 2012/2015 e 2013.

3.3.3. O crime de pornografia infantil (em especial as condutas típicas em que não há relação direta com o menor e em que há representação realista de menor). O crime de facilitação de viagem ou a tentativa de viagem para um território diferente do seu Estado de residência ou de nacionalidade, com vista à adesão a uma organização terrorista. O crime de importunação sexual através da formulação de propostas de teor sexual. O crime de maus tratos e abandono de animais de companhia.

3.4. Os poderes de controlo dos tribunais constitucionais relativamente à lei penal incriminadora. Visão crítica. A tendência para a *deferência* para com o legislador. Os exemplos da jurisprudência constitucional alemã, espanhola e portuguesa.

3.5. Vias de superação de algumas críticas. Racionalização e fundamentação do processo legislativo. O recurso a conhecimentos científicos e a estudos empíricos para avaliar os diagnósticos e os prognósticos do legislador. O Acórdão do Tribunal Constitucional português n.º 144/2004.

IV. O direito penal, a Constituição plural e cosmopolita e a proteção multinível dos direitos.

1. Breve referência ao direito penal europeu.

2. Duas decisões do Tribunal Europeu dos Direitos do Homem com repercussão no direito penal nacional.

2.1. O caso *M. v. Alemanha* e a Decisão do Tribunal Constitucional alemão de 4 de maio de 2011. Extensão do conteúdo de sentido do princípio da legalidade criminal à medida de segurança de internamento. Mandado constitucional de separação entre penas e medidas de segurança.

2.2. O caso *Del Río Prada v. Espanha*. Extensão da proibição de retroatividade desfavorável a alterações jurisprudenciais.

Este programa foi complementado por indicações bibliográficas tidas como fundamentais e por jurisprudência de referência de entre a que é recenseada no final, sempre com a preocupação de dar eco à lei, à doutrina e à jurisprudência brasileiras, dado o número significativo de estudantes da Faculdade de Direito da Universidade de Coimbra que são oriundos do Brasil. E sempre com a cautela de não cair numa hipervalorização das decisões tribunais, de não cair num *direito penal jurisprudencial* que coloque a lei e a doutrina em segundo plano.

I.
DISPOSIÇÕES E PRINCÍPIOS CONSTITUCIONAIS EM MATÉRIA PENAL

De um ponto de vista formal é, por demais, evidente o número significativo de disposições e princípios constitucionais em matéria penal[7] e, de um outro ângulo, o número, também ele não despiciendo, de decisões em matéria penal no âmbito da jurisprudência constitucional. O que mostra a relevância constitucional da matéria, mas também o quanto é distinto o texto das diversas constituições, o que, por si só, dá origem a múltiplas interrogações. A Constituição da República Portuguesa e a Constituição da República Federativa do Brasil constituem um exemplo acabado, até por se tornar de imediato evidente que a segunda é pródiga em normas de onde resultam imposições expressas de criminalização ou como tal entendidas. Neste sentido, a CRFB aponta, de facto, para uma criminalização alargada de comportamentos, a contrastar com o disposto na CRP, onde relativamente a esta problemática é comummente apontada apenas a norma do artigo 117.º, n.º 3[8], já que em 1989 deixou de dispor que "as atividades delituosas contra a economia nacional serão definidas por lei e objeto de sanções adequadas à sua gravidade" e que "as sanções poderão incluir, como efeito da pena, a perda dos bens, direta ou indiretamente obtidos com a atividade criminosa, e sem

[7] Para este efeito, usamos os vocábulos "disposições" e "princípios" no sentido a que a eles se refere a Constituição nos artigos 204.º e 277.º Note-se, porém, que a Lei de Organização, Funcionamento e Processo do Tribunal Constitucional se refere a "normas" e a "princípios" constitucionais violados, nomeadamente no artigo 75.º-A, n.º 2.

[8] No sentido de decorrer desta disposição constitucional uma obrigação expressa de criminalização, Faria Costa, *O Perigo em Direito Penal*, pp. 202 e s. e 207 e ss. e, muito particularmente, nota 4 daquela página, e *Direito Penal*, p. 132.

que ao infrator caiba qualquer indemnização" (artigo 88.º, n.ºs 1 e 2, na versão anterior à dada pela Lei Constitucional n.º 1/89, de 8 de julho)[9]. Em regra, é apontada apenas a norma do artigo 117.º, n.º 3, não obstante o artigo 34.º, n.º 3, incluir na *criminalidade especialmente violenta ou altamente organizada* o *terrorismo* e o *tráfico de pessoas, de armas e de estupefacientes* e de o artigo 207.º, n.º 1, ressalvar dos *crimes graves* os de *terrorismo.*

1. Disposições e princípios constitucionais escritos

Quanto à Constituição portuguesa, as disposições e princípios que consagra incidem sobre a declaração do estado de sítio ou do estado de emergência, que em nenhum caso pode afetar a não retroatividade da lei criminal (artigo 19.º, n.º 6); a proibição da pena de morte (artigo 24.º, n.º 2); a proibição de penas cruéis, degradantes ou desumanas (artigo 25.º, n.º 2, segunda parte); o princípio da legalidade, no sentido de ninguém poder ser sentenciado criminalmente senão em virtude de lei anterior que declare punível a ação ou a omissão, nem sofrer pena ou medida de segurança cujos pressupostos não estejam fixados em lei anterior, de não poderem serem aplicadas penas ou medidas de segurança que não estejam expressamente cominadas em lei anterior e de ninguém poder sofrer pena ou medida de segurança mais graves do que as previstas no momento da correspondente conduta ou da verificação dos respetivos pressupostos (artigo 29.º, n.ºs 1, 2, 3 e 4, primeira parte)[10]; o princípio da aplicação retroativa das leis penais de conteúdo mais favorável ao arguido (artigo 29.º, n.º 4, segunda parte)[11]; a proibição de penas e de medidas de segurança privativas ou restritivas da liberdade com carácter perpétuo

[9] Sobre esta disposição constitucional, Faria Costa, *O Perigo em Direito Penal*, p. 204 e ss., e Conceição Cunha, *«Constituição e crime». Uma perspetiva da criminalização e da descriminalização*, p. 309 e s., duvidando a autora que o legislador constituinte tenha consagrado aqui uma imposição constitucional expressa de criminalização,

[10] Neste âmbito, cf. Acs. do TC n.ºs 427/95, 168/99, 115/2008, 128/2010, 428/2010 e 606/2018, estando aqui contemplada a problemática das normas penais em branco. Estas decisões do TC português e as demais citadas posteriormente estão disponíveis em www.tribunalconstitucional.pt.

[11] A jurisprudência constitucional tem reconhecido autonomia a este princípio, por referência ao princípio da legalidade em matéria criminal, justificando-o à luz do princípio da necessidade das sanções penais. Cf. Acs. n.ºs 240/97, 644/98, 677/98 169/2002, 572/2003, 164/2008 e 265/2008. Sobre o parâmetro de controlo consagrado no artigo 29.º, n.º 4, Maria Fernanda Palma, *Direito Penal. Conceito material de crime, princípios e fundamentos. Teoria da lei penal: interpretação, aplicação no tempo, no espaço e quanto às pessoas*, p. 172 e s. (autonomizando também o princípio da igualdade), Maria João Antunes, "Abertura da audiência para aplicação retroativa de lei penal mais favorável", p. 333 e ss., e Taipa de Carvalho, *Direito Penal. Parte Geral. Questões Fundamentais. Teoria Geral do Crime*, § 319 e s. Em geral, Lascuraín Sánchez, *Sobre la retroactividad penal favorable*, p. 31 e ss.

ou de duração ilimitada ou indefinida (artigo 30.º, n.º 1)[12]; a prorrogação sucessiva, sempre mediante decisão judicial, de medidas de segurança privativas ou restritivas da liberdade, em caso de perigosidade baseada em grave anomalia psíquica, na impossibilidade de terapêutica em meio aberto, enquanto tal estado se mantiver (artigo 30.º, n.º 2); a insusceptibilidade de transmissão da responsabilidade penal (artigo 30.º, n.º 3)[13]; a proibição da perda de quaisquer direitos civis, profissionais ou políticos como efeito necessário da pena (artigo 30.º, n.º 4)[14]; a manutenção da titularidade dos direitos fundamentais por parte dos condenados a quem sejam aplicadas penas ou medidas de segurança

[12] Pelos Acs. n.º 43/86 e 549/94, o TC não julgou inconstitucionais as normas que estabelecem a pena relativamente indeterminada, tendo como parâmetro a proibição constitucional de penas indefinidas.

[13] Por apelo ao princípio da pessoalidade das penas, o TC declarou a inconstitucionalidade, com força obrigatória geral, da norma do artigo 8.º, n.º 7, do Regime Geral das Infrações Tributárias, na parte em que se refere à responsabilidade solidária dos gerentes e administradores de uma sociedade que hajam colaborado dolosamente na prática de infração pelas multas aplicadas à sociedade, através do Ac. n.º 171/2014; e julgou inconstitucional a norma constante do n.º 5 do artigo 7.º do Regime Geral das Infrações Tributárias, aprovado pela Lei n.º 15/2001, de 5 de junho, no segmento em que dispõe que, "pela pena de multa aplicada a uma entidade sem personalidade jurídica, responde, na falta ou insuficiência do património comum, solidariamente, o património de cada um dos associados" (Ac. 292/2017). As normas apreciadas põem a questão pertinente de saber se este princípio jurídico-constitucional vale também no âmbito da responsabilidade penal das pessoas coletivas. Já quanto à responsabilidade subsidiária de terceiros, nomeadamente de pessoas singulares, pelo pagamento de penas de multa, o TC entendeu, através do Acs. n.ºs 249/2012 e 405/2013, que não há aqui a transmissão da responsabilidade penal originariamente imputável à sociedade ou à pessoa coletiva, tendo antes natureza civilística a responsabilidade em causa, por o não pagamento ser imputável às pessoas singulares ou ter resultado de insuficiência de património da devedora que lhes seja atribuída a título de culpa. Já é, porém, distinta a norma que o TC julgou inconstitucional nos Acs. 292/2017 e 636/2018.

[14] Cf., nomeadamente, Acs. do TC n.ºs 284/89, 748/93, 304/2003, 154/2004, 243/2007, 239/2008, 25/2011 e 376/2018. E, ainda, Maria Fernanda Palma, *Direito Constitucional Penal*, p. 127 e ss. O segundo incidiu sobre a incapacidade eleitoral ativa dos definitivamente condenados a pena de prisão por crime doloso (ou por crime doloso infamante) enquanto não houvessem expiado a respetiva pena. O parâmetro que ditou a declaração de inconstitucionalidade com força obrigatória geral foi o do artigo 30.º, n.º 4, devendo notar-se que, na altura, não havia sido ainda aditado a este artigo o atual n.º 5. No último, o TC declarou a inconstitucionalidade com força obrigatória geral da norma constante da alínea d) do n.º 1 do artigo 22.º da Lei n.º 34/2013, de 16 de maio, e, quanto à remissão para a mesma feita, das normas constantes dos n.ºs 2, 3 e 4 do mesmo artigo, por violação do n.º 1 do artigo 47.º, em conjugação com o n.º 2 do artigo 18.º da Constituição, entendendo que as normas jurídico-administrativas que estabelecem pressupostos legais relativos ao concreto exercício da profissão ou atividade de segurança privada deve passar, *prima facie*, pela consideração do regime do n.º 2 do artigo 18.º, por serem normas restritivas do direito fundamental à liberdade de escolha e de exercício de profissão (n.º 1 do artigo 47.º), e não pelo disposto no n.º 4 do artigo 30.º da CRP.

privativas da liberdade, salvas as limitações inerentes ao sentido da condenação e às exigências próprias da respetiva execução (artigo 30.º, n.º 5)[15]; o princípio da presunção de inocência (artigo 32.º, n.º 2)[16]; a submissão aos princípios gerais de direito criminal ou do ilícito de mera ordenação social das infrações cometidas no exercício do direito de exprimir e divulgar livremente o seu pensamento pela palavra, pela imagem ou por qualquer outro meio, bem como o direito de informar, de se informar e de ser informado, sem impedimentos nem discriminações (artigo 37.º, n.ºs 1 e 3)[17]; a determinação, por via de lei, dos crimes de responsabilidade dos titulares de cargos políticos, bem como as sanções aplicáveis e os respetivos efeitos, que podem incluir a destituição do cargo ou a perda de mandato (artigo 117.º, n.º 3)[18]; a competência do Presidente da República para indultar e comutar penas, ouvido o Governo (alínea *f)* do artigo 134.º); a irresponsabilidade criminal dos Deputados pelos votos e opiniões que emitirem no exercício das suas funções (artigo 157.º, n.º 1); a competência da Assembleia da República para conceder amnistias e perdões genéricos (alínea *f)* do artigo 161.º); o princípio da legalidade, no sentido de ser da exclusiva competência da Assembleia da República, salvo autorização ao Governo, legislar sobre a definição dos crimes, penas, medidas de segurança e respetivos pressupostos (alínea *c)* do n.º 1 do artigo 165.º)[19]; a previsão de crimes de natureza estritamente militar (artigos 211.º, n.º 3, 213.º e 219.º, n.º 3); e a ressalva dos casos julgados, quanto aos efeitos da declaração de inconstitucionalidade, salvo decisão em contrário do Tribunal Constitucional,

[15] Relativamente ao estatuto do condenado em pena de prisão, o TC entendeu, louvando-se no artigo 30.º, n.º 5, da CRP, que o cidadão que se encontra em cumprimento de pena de prisão não é elegível para os órgãos das autarquias locais, através do Ac. n.º 550/2013.

[16] No Ac. 377/2015, tirado em fiscalização preventiva das normas do Decreto que pretendia criminalizar o enriquecimento injustificado, o TC entendeu que o princípio tem também como destinatário o legislador que define substantivamente os novos tipos incriminadores.

[17] Sobre o sentido desta norma, cf. Ac. do TC n.º 224/2010. E, em sentido não convergente, cf. *infra* Parte IV, ponto 1.3., a propósito do entendimento de Faria Costa quanto à norma constitucional.

[18] Cf. *supra* nota 8.

[19] O Tribunal tem entendido que a competência exclusiva da Assembleia da República, salvo autorização ao Governo, no que toca à definição de crimes e penas não se exerce apenas pela positiva, realizando-se também pela negativa, ou seja, pela supressão do quadro criminal de tipos de ilícito, pelo que também é da competência reservada do parlamento, salvo autorização ao Governo, definir e punir como contraordenações factos anteriormente qualificados e punidos como ilícitos criminais (Acs. n.ºs 56/84 e 59/88). Exatamente neste sentido, a Lei n.º 22/2018, de 5 de junho, autorizou o Governo a descriminalizar a comunicação pública não autorizada de fonogramas e videogramas editados comercialmente passando esta a ilícito contraordenacional.

quando a norma respeitar a matéria penal e for de conteúdo menos favorável ao arguido (artigo 282.º, n.º 3)[20].

Relativamente à CRFB[21], as disposições e princípios constitucionais aí consagrados têm que ver com o princípio da legalidade, no sentido de não haver crime sem lei anterior que o defina, nem pena sem prévia cominação legal (artigo 5.º, XXXIX); a proibição de lei penal retroativa, salvo para beneficiar o réu (artigo 5.º, XL); a estatuição segundo a qual a lei punirá qualquer discriminação atentatória dos direitos e liberdades fundamentais (artigo 5.º, XLI); a determinação de que a prática de racismo constitui crime inafiançável e imprescritível, sujeito à pena de reclusão nos termos da lei (artigo 5.º, XLII); a estatuição segundo a qual a lei considerará crimes inafiançáveis e insuscetíveis de graça ou amnistia a prática da tortura, o tráfico ilícito de entorpecentes e drogas afins, o terrorismo e os definidos como crimes hediondos, por eles respondendo os mandantes, os executores e os que, podendo evitá-los, se omitirem (artigo 5.º, XLIII); a determinação de que constitui crime inafiançável e imprescritível a ação de grupos armados, civis ou militares, contra a ordem constitucional e o Estado Democrático (artigo 5.º, XLIV); a proibição de que a pena passe da pessoa do condenado, podendo a obrigação de reparar o dano e a decretação do perdimento de bens ser, nos termos da lei, estendidas aos sucessores e contra eles executadas, até ao limite do valor do património transferido (artigo 5.º, XLV); a regulação, por via de lei, da individualização da pena e da adoção, entre outras, da privação ou restrição da liberdade, da perda de bens, da multa, da prestação social alternativa e da suspensão ou interdição de direitos (artigo 5.º, XLVI); a proibição de penas de morte, salvo em caso de guerra declarada, nos termos do artigo 84.º, XIX, de caráter perpétuo, de trabalhos forçados, de banimento e de penas cruéis (artigo 5.º, XLVII); o cumprimento da pena em estabelecimentos distintos, de acordo com a natureza do delito, a idade e o sexo do apenado (artigo 5.º, XLVIII); a determinação de que aos presos é assegurado o respeito à integridade

[20] Sobre esta norma, criticamente MARIA FERNANDA PALMA, "O legislador negativo e o intérprete da Constituição", p. 533 e s. Relativamente à norma penal inconstitucional de conteúdo mais favorável, cf. Acs. n.ºs 56/84, 490/89, 175/90, 13/91 e 427/91. Quanto a esta problemática, RUI PEREIRA, "A relevância da lei penal inconstitucional de conteúdo mais favorável ao arguido", p. 55 e ss., e, ainda, MARIA FERNANDA PALMA, *Direito Constitucional Penal*, p. 94, nota 87, e *Direito Penal. Conceito material de crime, princípios e fundamentos. Teoria da lei penal: interpretação, aplicação no tempo, no espaço e quanto às pessoas*, p. 182 e ss.

[21] Sobre estas disposições e princípios, em geral, REGIS PRADO, *Bem Jurídico-Penal e Constituição*, p. 70 e ss.

física e moral (artigo XLIX); a estatuição segundo a qual às presidiárias serão asseguradas condições para que possam permanecer com os seus filhos durante o período de amamentação (artigo 5.º, L); a previsão da categoria de crime comum/infração penal comum (artigos 5.º, LI, 86.º, §§ 1.º, I, e 3.º, 96.º, III, 102.º, I, alíneas *b)* e *c)*, 105.º, I, alínea *a)*, 108.º, I, alínea *a)*, e 139.º, II); a previsão de crime propriamente militar, definido em lei (artigos 5.º, LXI, e 124.º); a estatuição de que constitui crime a retenção dolosa do salário (artigo 6.º, X); a competência privativa da União para legislar sobre direito penal (artigo 22.º, I); a determinação de que constitui crime de responsabilidade de Prefeito Municipal efetuar repasse que supere os limites definidos no artigo 29.º-A, não enviar repasse até ao dia vinte de cada mês ou enviá-lo a menor em relação à proporção fixada na Lei Orçamentária (artigo 29.º-A, § 2.º); a estatuição de que constitui crime de responsabilidade de Presidente da Câmara Municipal gastar mais de setenta por cento de sua receita com folha de pagamento, incluindo gasto com o subsídio de seus Vereadores (artigo 29.º-A, § 3.º); a previsão de crime de responsabilidade, em caso de recusa, ou de não atendimento, no prazo de trinta dias, bem como de prestação de informações falsas por parte de Ministro de Estado ou de quaisquer titulares de órgãos diretamente subordinados à Presidência da República, a quem as Mesas da Câmara dos Deputados e do Senado Federal tenham encaminhado pedido escrito de informações (artigo 50.º, § 1.º); a previsão de crime de responsabilidade, em caso de ausência sem justificação adequada de Ministro de Estado ou de quaisquer titulares de órgãos diretamente subordinados à Presidência da República, convocados pela Câmara dos Deputados e pelo Senado, ou por qualquer uma das suas Comissões, para prestarem, pessoalmente, informações sobre assunto previamente determinado (artigo 50.º, § 1.º); a inviolabilidade penal dos Deputados e Senadores por quaisquer de suas opiniões, palavras e votos (artigo 53.º); a proibição de edição de medidas provisórias sobre direito penal (alínea *b)* do § 1.º do artigo 62.º); a competência do Presidente da República para conceder indulto e comutar penas, com audiência, se necessário, dos órgãos instituídos em lei (artigo 84.º, XII); a determinação de que são crimes de responsabilidade, a definir em lei especial, os atos do Presidente da República que atentem contra a Constituição Federal, com especificação de determinados atos (artigo 85.º); a previsão de crime de responsabilidade do Presidente do Tribunal competente que, por ato comissivo ou omissivo, retardar ou tentar frustrar a liquidação regular de precatórios (artigo 100.º, § 7.º); a competência do Supremo Tribunal Federal e dos juízes federais em matéria de crime político (artigos 102.º, II, alínea *b)*, e 109.º, IV); a competência dos juízes federais para processar e julgar crimes contra a organização do trabalho e, nos casos determinados por lei, contra o sistema financeiro e a ordem económico-financeira e os crimes de ingresso ou permanência irregular de estrangeiro (artigo 109.º, VI e X); a previsão de crime contra o Estado na vigência do estado de defesa (artigo 136.º, § 3.º, I); a estatuição segundo a qual as condutas e atividades lesivas do meio ambiente sujeitarão os infratores, pessoas físicas ou jurídicas, a sanções penais e administrativas, independentemente da obrigação de reparar os danos causados (artigo 225.º, § 3.º); a previsão de que a lei punirá severamente o abuso, a violência e a exploração sexual da criança e do adolescente (artigo 227.º, § 4.º); a inimputabilidade penal dos menores de dezoito anos (artigo 228.º); a determinação de que a lei disciplinará a responsabilidade criminal dos notários, dos oficiais de registro e de seus prepostos (artigo 236.º, § 1.º).

2. Princípios constitucionais não escritos

Além destas disposições e princípios, há princípios constitucionais em matéria penal que, apesar de não escritos, integram o "bloco da constitucionalidade", na medida em que são reconduzíveis ao programa normativo constitucional, surgindo como formas de densificação ou revelação específicas de princípios ou regras constitucionais positivamente explanados[22].

Relativamente à CRP, destacam-se os seguintes princípios: o princípio jurídico-constitucional do "direito penal do bem jurídico", na denominação que lhe deu Figueiredo Dias[23], princípio onde se integram os critérios da dignidade penal do bem jurídico e da necessidade da intervenção penal (da carência de tutela penal), a partir do disposto no artigo 18.º, n.º 2; o princípio jurídico-constitucional da culpa, por referência aos artigos 1.º, 13.º e 25.º, n.º 1, enquanto consagram o princípio da inviolabilidade da dignidade pessoal, e ao artigo 2.º, enquanto consagra o modelo do Estado de direito democrático[24];

[22] Assim, Gomes Canotilho, *Direito Constitucional e Teoria da Constituição*, p. 920 e s. Expressamente neste sentido, cf. Ac. do TC n.º 634/93.

[23] "O «direito penal do bem jurídico» como princípio jurídico-constitucional. Da doutrina penal, da jurisprudência constitucional portuguesa e das suas relações", p. 31 e ss.

[24] Cf., nomeadamente, Acs. do TC n.ºs 43/86, 426/91, 274/98, 124/2004, 80/2012, 102/2015, 56/2016 e 124/2016. Na doutrina portuguesa, sobre o princípio da culpa como princípio jurídico-constitucionalmente fundado, Faria Costa, *Direito Penal*, pp. 224 e s., 242 e s. e 354 e ss., Figueiredo Dias, "Sobre o estado atual da doutrina do crime", p. 18 e s., Maria Fernanda Palma, "Constituição e direito penal. As questões inevitáveis", p. 26 e s., e *Direito Penal. Conceito material de crime, princípios e fundamentos. Teoria da lei penal: interpretação, aplicação no tempo, no espaço e quanto às pessoas*, p. 91 e ss., Sousa e Brito, "A lei penal na Constituição [Artigos 29.º, n.ºs 1, 2, 3, 4; 167.º, alínea e)]", p. 199 e s., e Teresa Pizarro Beleza, *Direito Penal*, p. 55 e ss.

o princípio jurídico-constitucional da proporcionalidade das sanções penais, a partir do artigo 18.º, n.º 2, e do artigo 2.º, enquanto consagra o modelo do Estado de direito democrático[25]; o princípio da socialização dos condenados ou princípio da socialidade, segundo o qual incumbe ao Estado um dever de ajuda e de solidariedade para com o condenado, proporcionando-lhe as condições necessárias para a reintegração na sociedade, a partir do princípio da dignidade da pessoa humana (artigos 1.º e 25.º, n.º 1), da caracterização da República Portuguesa como um Estado de direito democrático que visa a realização da democracia social (artigo 2.º), da tarefa fundamental do Estado de promoção do bem-estar e da qualidade de vida do povo e da igualdade real entre os portugueses (artigo 9.º, alínea *d)*), do direito ao desenvolvimento da personalidade (artigo 26.º, n.º 1) e da proibição de penas e de medidas de segurança privativas ou restritivas da liberdade de natureza perpétua 30.º, n.º 1)[26].

A partir da CFRB, a doutrina e a jurisprudência brasileiras identificam o princípio da culpabilidade (artigos 1.º, III, e 5.º, XLV), o princípio da pessoalidade (artigo 5.º, XLV), o princípio da exclusiva proteção de bens jurídicos, o princípio da ofensividade, o princípio da proporcionalidade e o princípio da secularização (artigos 1.º e 5.º, IV, VI, XVIII, IX e X), extraindo também de normas constitucionais escritas os princípios da humanidade da pena e da individualização da pena (artigo 5.º, III, XLVI, XLVII, XLVIII, XLIX e L)[27].

[25] Cf., entre outros, Acs. do TC n.ºs 574/95, 329/97, 108/99, 124/2004, 595/2008, 80/2012 e 124/2016. No sentido de que há que proceder a juízos autónomos por referência ao comportamento que se tipifica (norma de conduta) e à sanção que lhe corresponde (norma de sanção), o que nem sempre resulta claro da jurisprudência constitucional portuguesa quando julga uma determinada incriminação (cf., por exemplo, Acs. n.ºs 595/2008 e 105/2013), Anabela Miranda Rodrigues, "Sobre o crime de importunação sexual", p. 441, e Maria João Antunes, "Dos atos homossexuais com adolescentes aos atos sexuais com adolescentes (da norma dos casos à norma do artigo 173.º do Código Penal)", p. 1017 e s. Assim também, Adán Nieto, "*Saudade* of the constitution: The relationship between the constitutional and criminal law in the European context", p. 5.

[26] Cf., nomeadamente, Acs. do TC n.ºs 43/95, 1/2001, 336/2008 e 427/2009. Sobre o tema, Jorge Miranda / Rui Medeiros, *Constituição Portuguesa Anotada*, anotação ao artigo 26.º, Maria Fernanda Palma, *Direito Constitucional Penal*, p. 124 e ss., e Maria João Antunes, *Penas e Medidas de Segurança*, p. 15. Deve notar-se que outros textos constitucionais, como por exemplo o italiano e o espanhol, fazem referência expressa a este princípio.

[27] Cf. Silva Franco / Rafael Lira / Yuri Santana, *Crimes Hediondos*, pp. 81 e ss. e 105 e ss., Salo de Carvalho, *Penas e Medidas de Segurança no Direito Penal Brasileiro*, p. 249 e ss., Regis Prado, *Bem Jurídico-Penal e Constituição*, p. 79 e ss., e Alberto Jorge Lima, *Direito penal constitucional. A imposição dos princípios constitucionais penais*, pp. 69 e ss., 197 e ss. e 119 e ss. Os princípios da proporcionalidade e da ofensividade são parâmetros de controlo usados, por exemplo, nos votos de Ministros do Supremo Tribunal Federal brasileiro, a propósito da criminalização da posse de drogas para consumo pessoal (artigo 28.º da Lei 11.343/2006). Cf. o voto do Ministro Relator

3. Outras disposições e princípios constitucionais

A relevância penal de disposições e de princípios constitucionais vai além de disposições e princípios específicos em matéria penal. Há princípios jurídico--constitucionais gerais dos quais derivam para o legislador penal proibições de incriminação. É disso exemplo, o princípio fundamental da igualdade[28].

O TC português julgou inconstitucional a norma penal que incriminava atos homossexuais com adolescentes, constante do artigo 175.º do CP na redação anterior a 2007, por violação do princípio constitucional da igualdade, por não ser constitucionalmente tolerável uma incriminação violadora da proibição constitucional de discriminação em razão da natureza homossexual dos atos sexuais de relevo. Na redação então vigente, aquele artigo do CP (*Atos homossexuais com adolescentes*) criminalizava o comportamento de «quem, sendo maior, praticar atos homossexuais de relevo com menor entre 14 e 16 anos, ou levar a que eles sejam por este praticados com outrem», punindo o agente com «pena de prisão até 2 anos ou com pena de multa até 240 dias». Por seu turno, o artigo 174.º do mesmo Código (*Atos sexuais com adolescentes*) criminalizava o comportamento de «quem, sendo maior, tiver cópula, coito anal ou coito oral com menor entre 14 e 16 anos, abusando da sua inexperiência», punindo o agente com «pena de prisão até 2 anos ou com pena de multa até 240 dias». No caso, o que importou considerar foi a circunstância de o primeiro tipo legal de crime ser preenchido ainda que não houvesse *abuso da inexperiência* do menor entre 14 e 16 anos, diferentemente do que sucedia com o de *atos sexuais com adolescentes* em que o tipo legal era preenchido somente quando houvesse por parte do agente *abuso da inexperiência* do adolescente[29].

Gilmar Mendes e os votos dos Ministros Edson Fachin e Roberto Barroso, no RE 635.659/RG. Cf. *infra* parte III, ponto 2. Esta jurisprudência brasileira e a demais citada posteriormente, está disponível em www.stf.jus.br.

[28] Sobre a relevância penal do princípio da igualdade, enquanto princípio que traça limites ao legislador, Rui Pereira, "O princípio da igualdade em direito penal", p. 128 e ss., Teresa Pizarro Beleza, "A revisão da Parte Especial na reforma do Código Penal: legitimação, reequilíbrio, privatização, «individualismo»", p. 90, e Faria Costa, "O princípio da igualdade, o direito penal e a constituição", p. 289 e ss. E, ainda, Emilio Dolcini / Giorgio Marinucci, "Constituição e escolha dos bens jurídicos", p. 161 e ss., e Lascuraín Sánchez, "Son discriminatorios los tipos penales de violencia de género?", p. 329 e ss.

[29] Cf. Acs. n.ºs 247/2005 e 351/2005. Sobre esta jurisprudência, Maria João Antunes, "Dos atos homossexuais com adolescentes aos atos sexuais com adolescentes (da norma dos casos à norma do artigo 173.º do Código Penal)", p. 1009 e ss., com referências bibliográficas nacionais. E, ainda, Saragoça da Mata, "Criminalização de atos homossexuais com adolescentes. Anotação ao Acórdão do Tribunal Constitucional n.º 247/2005", p. 25 e ss.

Por seu turno, o TC italiano declarou, em dezembro de 1968 e em dezembro de 1969, a ilegitimidade constitucional de toda a disciplina do adultério e do concubinato, constante dos artigos 559.º e 560.º do CP, por a mesma tutelar de forma desigual o dever de fidelidade conjugal[30]. Já o TC espanhol decidiu, através da Sentença 67/1998, de 18 de março, outorgar parcialmente o amparo solicitado, por violação do direito do filho da recorrente em não ser discriminado em razão do seu nascimento, estando então em causa uma norma que excluía os filhos nascidos fora do casamento do tipo legal que punia quem não pagasse as prestações familiares devidas. E por via da sentença 59/2008, de 14 de maio, rejeitar a questão de inconstitucionalidade, por violação do princípio da igualdade, relativamente a normas do CP (artigo 153.º, n.ºs 1 e 2) que punem mais gravemente, no âmbito da violência de género, o agente da prática do crime do sexo masculino, quando a vítima é do sexo feminino (pena de prisão de 6 meses a 1 ano), do que o agente do sexo feminino, quando a vítima é do sexo masculino (pena de prisão de 3 meses a 1 ano)[31]. Ainda que esta decisão tenha sido de rejeição da questão de inconstitucionalidade, a verdade é que o parâmetro de controlo utilizado foi o princípio da igualdade (artigo 14.º da Constituição espanhola), na dimensão de proibição do arbítrio[32].

O que por vezes se identifica como princípio constitucional em matéria penal é, em bom rigor, um princípio jurídico-constitucional *tout court*[33]. Ou sequer um princípio, se aceitarmos a diferenciação, proposta por Humberto Ávila, entre princípios e regras, por um lado, e postulados normativos (hermenêuticos e aplicativos), por outro. A aceitar-se esta diferenciação, não faz sentido, por exemplo, autonomizar o princípio da proporcionalidade

[30] Cf. Emilio Dolcini / Giorgio Marinucci, "Constituição e escolha dos bens jurídicos", p. 163 e s.

[31] Sobre isto, cf. a Sentença 677/2018 do Supremo Tribunal espanhol de 20 de dezembro de 2018, com grande repercussão mediática e doutrinal, disponível em www.poderjudicial.es. Quanto ao conceito de "género", criticamente, Teresa Pizarro Beleza, *Direito das mulheres e da igualdade social. A construção jurídica das relações de género*, p. 63 e ss.

[32] Ambas as decisões e as demais posteriormente citadas do TC espanhol estão disponíveis em www.tribunalconstitucional.es. Criticamente sobre a decisão de 2008 e outras que lhe sucederam, por o Tribunal não enquadrar a questão a decidir no âmbito da proibição constitucional de discriminação, mas antes no da proibição do arbítrio, com consequências inevitáveis por ser distinto o controlo de constitucionalidade num e noutro caso, Lascuraín Sánchez, "Son discriminatorios los tipos penales de violencia de género?", p. 344 e ss.

[33] Usa-se aqui o conceito de "princípio jurídico", por contraposição a "princípio hermenêutico". Para a distinção, Gomes Canotilho, *Direito Constitucional e Teoria da Constituição*, pp. 1161 e 1223 e ss., e Massimo Donini, "Un Derecho Penal fundado en la carta constitucional: razones y limites. La experiencia italiana", p. 29.

das sanções ou sequer, em geral, o princípio da proporcionalidade. Enquanto *os princípios e as regras* são o objeto da aplicação e servem de comandos para determinar condutas obrigatórias, permitidas ou proibidas, ou condutas cuja adição seja necessária para atingir fins, *os postulados normativos aplicativos* estabelecem os critérios de aplicação dos princípios e regras e servem como parâmetros para a realização de outras normas. Segundo o autor, "no exame de proporcionalidade investiga-se a norma que institui a intervenção ou exação para verificar se o princípio que justifica sua instituição será promovido e em que medida os outros princípios serão restringidos". Chama a atenção, metaforicamente, que "quem define a proporcionalidade como princípio confunde a balança com os objetos que pesa"[34].

[34] Cf. *Teoria dos Princípios. Da definição à aplicação dos princípios jurídicos*, p. 163 e ss. E, ainda, Luciano Feldens, *Direitos Fundamentais e Direito Penal – A Constituição Penal*, p. 133 e s. Em sentido distinto, afirmando que o princípio da proibição do excesso (ou princípio da proporcionalidade) é um *princípio jurídico fundamental*, Gomes Canotilho, *Direito Constitucional e Teoria da Constituição*, p. 1165.

II.
MANIFESTAÇÕES ATUAIS DA INTERVENÇÃO PENAL. DA PERTINÊNCIA DO CONFRONTO DE TAIS MANIFESTAÇÕES COM AS DISPOSIÇÕES E OS PRINCÍPIOS EM MATÉRIA PENAL

As disposições e os princípios constitucionais em matéria penal, acabados de mencionar, são enquadráveis em *normas e princípios de direito penal constitucional* e em *normas e princípios constitucionais influentes em matéria penal*, segundo determinada diferenciação doutrinal fundada no entendimento de que "todas as valorações constitucionais que contribuem para a definição de bens jurídicos, de direitos subjetivos e de regras de comportamento se refletem no direito penal". Do que se trata "é de procurar na Constituição, enquanto instrumento fundamental de uma ordem jurídica, princípios capazes de exercer essa função legitimadora-limitadora do âmbito de uma eventual criminalização"[35].

A identificação que a doutrina e a jurisprudência têm vindo a fazer das disposições e dos princípios constitucionais com relevância penal não pode deixar de ser "testada" relativamente a manifestações atuais da intervenção estadual em matérias de natureza penal e em outras conexas. Importa atualizar e problematizar o tema das relações entre o direito penal e a Constituição a partir da tendência expansionista que tal intervenção vem assumindo, "testando" as vias doutrinais e jurisprudenciais capazes de avaliar a sua legitimidade no âmbito de tais relações.

Um tal "teste" já sucedeu, por exemplo, com os decretos da Assembleia da República mediante os quais se pretendeu criminalizar o enriquecimento

[35] Assim, louvando-se em Nuvolone e Palazzo, Sousa e Brito, "A lei penal na Constituição [Artigos 29.º, n.ºs 1, 2, 3, 4; 167.º, alínea e)]", p. 197 e s., e Conceição Cunha, *«Constituição e crime». Uma perspetiva da criminalização e da descriminalização*, p. 118 e ss. Para esta bipartição, ainda, Francesco Palazzo, *Valores Constitucionais e Direito Penal*, pp. 22 e ss., 43 e ss. e 77 e ss.

ilícito/injustificado. Ambos foram submetidos a fiscalização preventiva da constitucionalidade e escrutinados pela doutrina, usando a categoria do bem jurídico como padrão crítico da incriminação do direito que se pretendia então constituir, além dos princípios da legalidade criminal e da presunção de inocência[36].

E o mesmo "teste" também já ocorreu quanto ao crime de lenocínio, na redação do tipo legal dada em 1998, que eliminou a referência expressa à exigência típica da "exploração de situações de abandono ou necessidade"[37]. O Ac. n.º 144/2004, tirado em fiscalização concreta da constitucionalidade, cujo entendimento foi reiterado posteriormente num número significativo de decisões, releva de forma inovadora para a problemática das relações entre o direito penal e a Constituição a diversos títulos. Nomeadamente, porque, além de ter voltado ao tema das relações entre o Direito e a Moral, abre a discussão quanto à questão de saber se é constitucionalmente legítima uma tal incriminação para "proteção da liberdade e de uma 'autonomia para a dignidade' das pessoas que se prostituem", com o intuito de prevenir o risco de situações de exploração da situação económico-social das pessoas que se prostituem, habitualmente associadas às condutas que são designadas como lenocínio, e que, como tais, podem condicionar enormemente a sua autonomia sexual. A questão põe-se por o comportamento de tais "vítimas" ainda poder ser expressão do exercício da sua liberdade e autodeterminação sexual, da sua autonomia, ainda poder *ser manifestação de pura liberdade* ou *exprimir* já, em bom rigor, *lógicas de dominação*[38]. De todo o modo, assim posta, a dúvida

[36] Cf. Acs. do TC n.ºs 179/2012 e 377/2015. Na doutrina, Faria Costa, "T. C., **Acórdão n.º 179/2012 – Processo n.º 182/12.** (Crítica à tipificação do crime de enriquecimento ilícito: *plaidoyer* por um direito penal não iliberal e ético-socialmente fundado", p. 251 e ss., Figueiredo Dias, "O «direito penal do bem jurídico» como princípio jurídico-constitucional implícito", p. 257 e ss., Germano Marques da Silva, "Sobre a incriminação do enriquecimento ilícito (não justificado ou não declarado). Breves considerações nas perspetivas dogmática e de política criminal", p. 50 e ss., Maria Fernanda Palma, "Conceito material de crime e reforma penal", p. 16 e s., e Pedro Caeiro. "Sentido e função do instituto da perda de vantagens relacionadas com o crime no confronto com outros meios de prevenção da criminalidade reditícia (em especial, os procedimentos de confisco *in rem* e a criminalização do enriquecimento 'ilícito')", p. 297 e ss.

[37] A eliminação desta exigência típica coloca uma outra questão, já posta ao TC: a da conformidade constitucional da natureza pública do crime de lenocínio, por daí decorrer o dever de as "vítimas" prestarem depoimento como testemunhas. O Tribunal não chegou, porém, a conhecer tal questão (Ac. n.º 101/2015).

[38] Cf. Acs. do TC n.ºs 196/2004, 303/2004, 170/2006, 396/2007, 522/2007, 591/2007, 141/2010, 654/2011, 641/2016, 421/2017, 694/2017, 90/2018 e 178/2018 e Maria Fernanda Palma, *Direito Constitucional Penal*, pp. 77 e ss. e 81, e "Consumo e tráfico de estupefacientes e Constituição:

pode ser insuficiente para fechar a questão da legitimidade constitucional da incriminação do lenocínio, na falta de referência expressa à exigência típica da "exploração de situações de abandono ou necessidade", se se entender que esta intervenção penal para "proteção da liberdade e de uma 'autonomia para a dignidade' das pessoas que se prostituem" (do grupo das pessoas que se prostituem) *desvaloriza a vontade e a subjetividade* – a *autonomia individual* – de quem se prostitui[39].

1. Manifestações atuais da intervenção penal. Em geral

Há, de facto, novas incriminações (e agravações) determinadas pela conexão do direito penal com novos direitos ou com novas perspetivas sobre direitos (por exemplo, na área da violência doméstica e da violência de género, da utilização da informática e dos crimes sexuais contra adultos e crianças), pelo aperfeiçoamento da organização política e económica do Estado (por exemplo, em matéria de corrupção, de tráfico de influência, de crimes de responsabilidade de titulares de cargos políticos ou de altos cargos públicos e de terrorismo e no âmbito específico do direito penal económico e financeiro) e pelo propósito de antecipar a tutela penal de certos bens jurídicos (por exemplo, no âmbito da condução em estado de embriaguez ou sob a influência de estupefacientes ou substâncias psicotrópicas)[40].

Mas há também, por outro lado, um alargamento da intervenção penal que nos faz duvidar de imediato da sua pertinência, em geral, ao direito penal de um Estado de direito democrático e, em particular, ao direito penal de tutela

absorção do 'Direito Penal de Justiça' pelo 'Direito Penal Secundário'", p. 23 e s. Sobre a admissibilidade de "contraprova, a cargo da defesa, da inexistência de uma relação de aproveitamento ou de exploração das vítimas pelos arguidos", cf. "Conceito material de crime e reforma penal", p. 16. Em sentido divergente, porém, as declarações de voto apostas aos Acs. n.ºs 396/2007, 654/2011 e 641/2016, Anabela Miranda Rodrigues / Sónia Fidalgo, *Comentário Conimbricense do Código Penal. Parte Especial*, comentário ao artigo 169.º, § 2 e ss., Figueiredo Dias, "O «direito penal do bem jurídico» como princípio jurídico-constitucional implícito", p. 259 e ss., Figueiredo Dias / Maria João Antunes, "Da inconstitucionalidade da tipificação do lenocínio como crime de perigo abstrato", Mafalda Serrasqueiro, "Moral ou dignidade no lenocínio: Um crime à procura de um bem jurídico", p. 417 e ss. e Pedro Albergaria / Pedro Lima, "O crime de lenocínio entre o moralismo e o paternalismo jurídicos", p. 201 e ss.

[39] Para esta discussão, Reis Novais, A *Dignidade da Pessoa Humana. Dignidade e Direitos Fundamentais*, p. 97 e ss.

[40] Estas três linhas de rumo de novas incriminações (e agravações) são identificadas por Maria Fernanda Palma, "Conceito material de crime e reforma penal", p. 12 e ss. Cf., ainda, "Direito Penal especial: o vértice do sistema penal", p. 12 e ss., onde a autora reflete sobre o direito contido em legislação especial.

subsidiária de bens jurídicos. Ao invés de prosseguir a função crítica de limitação da intervenção penal, o conceito de bem jurídico é antes usado frequentemente para justificar e exigir a intervenção do direito penal[41].

É um facto que a legislação penal se tem vindo a expandir e a tornar mais severa, por obra de um populismo punitivo a partir da notícia da prática de crimes de determinada natureza, que conduziu a uma resposta política que, de imediato, pretendeu «apaziguar as vítimas e tranquilizar a opinião pública»[42]. Quando o compromisso alcançado entre a escola clássica e a escola positivista parecia ter os dias contados – sistemas sancionatórios como o francês ou o português foram persistindo na resposta sancionatória monista e outros, como o brasileiro, abandonaram o sistema do duplo binário[43] –, até o *direito penal da perigosidade* ressurgiu na Europa a partir de meados dos anos noventa do século passado[44]. A notícia veiculada pela comunicação social de raptos e de abusos sexuais de crianças, seguidos alguns de homicídio, gerou uma demanda subjetiva de segurança por parte da sociedade, muitas vezes devida mais à "pressão mediática" do que propriamente à realidade. "Criminalidade e medo da criminalidade marcam a contemporaneidade" e passaram a ter eco numa "política criminal de segurança"[45].

A legislação penal foi-se tornando mais severa, por obra do populismo punitivo e de uma perceção distorcida da insegurança da comunidade, veiculada pelos meios de comunicação social e "por corporações e grupos de interesses, que pretendem instrumentalizar o direito penal na promoção das

[41] Salienta, pertinentemente, esta dimensão da crise do conceito, Ana Elisa Bechara, "O rendimento da teoria do bem jurídico no direito penal atual", p. 21 e s.

[42] Cf. Mireille Delmas-Marty, "Deshumanización del derecho penal", p. 18.

[43] Sobre o sistema sancionatório francês, Elisabeth Schneider, "Frankreich", p. 81 e ss., e Mireille Delmas-Marty, "Deshumanización del derecho penal", p. 19; sobre o português, Maria João Antunes, *Penas e Medidas de Segurança*, pp. 17 e ss. e 127 e ss.; e sobre o brasileiro, Salo de Carvalho, *Penas e Medidas de Segurança no Direito Penal Brasileiro*, p. 504 e ss.

[44] Sobre isto, Hans-Jörg Albrecht, "Sicherheit und Prävention in strafrechtlichen Sanktionensystemen", p. 431 e s., Christopher Micaelsen, "'From Strasbourg, with Love' – Preventive Detention before the German Federal Constitutional Court and the European Court of Human Rights", p. 150 e ss., Díez Ripollés, *A Política Criminal na Encruzilhada*, p. 88 e ss., María Acale Sánchez, "Medidas de seguridade postpenitenciarias en el código penal español; el movimento de defensa social retro del siglo XXI", p. 141 e s., e Johanna Rinceanu, "El futuro de la custodia de seguridade en Alemania", pp. 160 e s. e 168.

[45] Cf. Anabela Miranda Rodrigues, em reflexão dirigida ao crime na sociedade globalizada, "Política criminal – Novos desafios, velhos rumos", p. 207 e ss.

'causas' que (legitimamente) apoiam"[46]. A ressonância comunitária da prática de crimes de certa natureza e gravidade foi arrastando o direito penal de tutela de bens jurídicos para um direito penal de proteção das vítimas. Das vítimas dos agressores sexuais, em geral, e dos abusadores sexuais de crianças, em especial, e, mais recentemente, dos terroristas, dos agressores em contexto doméstico – e até dos agressores de animais de companhia –, arrastando o direito penal do facto para um "direito penal de autores"[47]. O poder político, do qual são esperadas respostas político-criminais fundadas, passou a oferecer-nos respostas que são apenas politicamente corretas, "politico-criminalmente corretas". Assume até para o efeito, quantas vezes, o papel de criador da opinião pública, numa confusão entre a política e o direito, importando para o âmbito deste a discussão política[48]. E "o que mais preocupa é este desconcerto, este populismo, esta incapacidade de se subir um pouco acima do rugir feroz com que as massas, em todos os tempos e em todas as circunstâncias, sempre clamam por um justicialismo que cheire a sangue, podridão e *voyeurismo*"[49].

Na Alemanha, são reveladoras do novo direito penal da perigosidade a Lei de 26 de janeiro de 1998 contra *delitos sexuais e outros delitos perigosos* que eliminou o limite máximo de duração da medida de segurança de internamento, aplicando-se retroativamente, e que tornou mais fácil a imposição da medida relativamente a crimes violentos contra a integridade física e liberdade sexual; a Lei de 21 de agosto de 2002 que introduziu no CP a *medida de segurança sob reserva*, para aqueles casos em que, no momento da condenação há dúvidas sobre a perigosidade do agente, diferindo-se por isso a decisão para a autoridade da execução, já depois de cumprida a pena (§ 66a – *Vorbehalt der*

[46] Cf. Pedro Caeiro/José Miguel Figueiredo, "Ainda dizem que as leis não andam: reflexões sobre o crime de importunação sexual em Portugal e em Macau", p. 291 e ss. Sobre esta realidade, enquadrada na fase pré-legislativa do processo legislativo em matéria penal, Díez Ripollés, *A racionalidade das Leis Penais. Teoria e Prática*, p. 26 e ss., e *A Política Criminal na Encruzilhada*, p. 23 e ss.

[47] Neste enquadramento, no âmbito do terrorismo, para uma reflexão a partir do caso Parot em Espanha, Molina Fernández, "Las cicatrices jurídicas del terrorismo: la doutrina Parot y outras interpretaciones irrazonables de la ley", pp. 241 e ss. e 256 e s., e Maria João Antunes, "Proteção multinível do princípio da legalidade criminal – a «doutrina Parot» e o caso *Inés del Río Prada*", p. 127 e s. E, ainda, Faria Costa, "O direito penal, a linguagem e o mundo globalizado (*Babel ou esperanto universal?*", p. 227 e s.

[48] Maria Fernanda Palma, *Direito Constitucional Penal*, p. 71 e s., aponta como um erro a evitar a *importação acrítica da discussão política, levando o jurista, enquanto tal, a intervir nela e a assimilar a sua lógica*. Cf., ainda, p. 81 e s., e Massimo Donini, *Poder Judicial y ética pública. La crisis del legislador y de la ciência penal en Europa*, p. 76 e ss.

[49] Cf. Faria Costa, Beccaria *e o Direito Penal*, p. 8.

Unterbringung in der Sicherungsverwahrung); e a Lei de 23 de julho de 2004 que introduziu naquele Código a *medida de segurança retroativa, a posteriori*, que é ordenada já depois da condenação em pena e do cumprimento desta sanção, ainda por referência ao crime cometido, em face da perigosidade do agente (§ 66b – *Nachträgliche Anordung der Unterbringung in der Sicherungsverwahrung*)[50].

Em França, constituem exemplo a Lei de 17 de junho de 1998 relativa à prevenção e à repressão de infrações sexuais e de proteção de menores, que introduziu medidas de vigilância, nomeadamente a vigilância eletrónica, e o seguimento socio-judicial, enquanto complementos da pena; a Lei de 9 de março de 2004 que criou, por via de uma alteração do CPP, um ficheiro automático de autores de crimes sexuais e de crimes violentos; a Lei de 12 de dezembro de 2005 sobre reiteração criminosa que transformou aquelas medidas em medidas de segurança e cujo âmbito de aplicação foi depois alargado pela Lei de 5 de março de 2007, com o objetivo de reforçar a luta contra a reincidência; a Lei de 25 de fevereiro de 2008 que previu a atual prisão de segurança (*rétention de sûreté*) e a declaração de irresponsabilidade penal em razão de perturbação mental[51]. Tendo como antecedente mais remoto uma lei de 1885, a *rétention de sûreté* passou a aplicar-se a agentes da prática de crimes violentos, em geral, depois da execução da pena, com fundamento em perigosidade avaliada por uma comissão pluridisciplinar cujo relatório é vinculativo para o juiz. Em parte por pressão das vítimas, o modelo médico-assistencial francês relativamente a inimputável em razão de perturbação mental evoluiu no sentido de o agente ser declarado autor da prática de um crime, por via da declaração de irresponsabilidade penal por perturbação mental e da eventual aplicação de medidas de segurança, com a consequência de poder ser reconhecido à vítima o estatuto correspondente.

Em Espanha, saliente-se a Lei Orgânica 5/2010, de 22 de junho, que introduziu no CP a medida de *liberdade vigiada* para imputáveis que cometessem crimes de terrorismo ou contra a liberdade sexual, a executar já depois de cumprida a pena; a redação, vigente desde 1 de julho de 2015, do artigo 106.º

[50] Sobre esta evolução legislativa, Johanna Rinceanu, "El futuro de la custodia de seguridade en Alemania", p. 166 e ss. e Borja Jiménez, "Peligrosidad postcondena, intervención punitiva y Estado de Derecho", p. 175 e ss. E, ainda, os §§ 1 a 6 e 9 e s., I. A., da decisão do BVerfG, 2 BvR 2365/09, de 4 de maio de 2011 (cf. *infra* Parte VI, ponto 1).

[51] Sobre esta evolução legislativa, Mireille Delmas-Marty, "Deshumanización del derecho penal", p. 19, e Philippe Salvage, "La responsabilité pénale du malade mental: les principes de base", p. 104 e s. E, ainda, a Decisão n.º 2008-562 DC do Conselho Constitucional (cf. *infra*, ponto 2.). Esta decisão e as demais citadas posteriormente estão disponíveis em www.conseil-constitutionnel.fr.

do CP da qual decorre o alargamento do âmbito de aplicação desta medida de segurança[52]; e a (re)introdução no artigo 33.º, n.º 2, alínea *a)*, do CP, nesta mesma data, da pena de prisão permanente revisível que mais não é do que uma pena de prisão perpétua[53]. Recentemente, em 20 de fevereiro de 2019, o CP espanhol foi alterado passando a prever o crime de *abandono do local do acidente* (artigo 382.º bis), indo além dos comportamentos previstos no artigo 195.º (omissão do dever de socorro), alteração que veio mais uma vez cavar o fosso entre os penalistas e a população em geral quanto à função do direito penal[54].

No Brasil, a Lei n.º 13.104, de 9 de março de 2015, prevê que o homicídio contra a *mulher*, em razão do sexo feminino (feminicídio), seja qualificado (artigo 121.º, § 2.º, VI, do CP) e integre o elenco dos crimes hediondos; a Lei n.º 13.142, de 6 de julho de 2015, prevê alterações quanto ao homicídio qualificado, à lesão corporal e ao elenco dos crimes hediondos (artigos 121.º, § 2.º, VII, e 129.º, § 12, do CP e 1.º da Lei n.º 8.072, de 25 de julho de 1990), quando a *vítima* seja certa *autoridade ou agente, integrantes do sistema prisional e da Força Nacional de Segurança Pública*, no exercício da função ou em decorrência dela, ou o crime seja contra seu *cônjuge, companheiro* ou *parente consanguíneo até terceiro grau*, em razão dessa condição. Por outro lado, a relevância da vítima do crime é de tal ordem que é associada, frequentemente, a determinado diploma. Por exemplo, a Lei Maria da Penha (Lei n.º 11.340/2006, de 7 de agosto), a Lei Joanna Maranhão (Lei nº. 12.650/2012, de 17 de maio) e a Lei Carolina Dieckmann (Lei n.º 12.737/2012, de 30 de novembro). Na jurisprudência brasileira mais recente importa realçar a decisão do STF que enquadrou a homofobia e a transfobia, qualquer que seja a forma de sua manifestação, nos diversos tipos penais definidos na Lei n.º 7.716/89, de 5 de janeiro, (diploma que define os crimes resultantes de preconceito de *raça* ou de *cor*), considerando que as práticas homotransfóbicas se qualificam-se como espécies do género racismo[55].

[52] Sobre esta medida de segurança, cf. MARÍA ACALE SÁNCHEZ, "Medidas de seguridade postpenitenciarias en el código penal espanhol; el movimento de defensa social retro del siglo XXI" p. 132 e ss., CANCIO MELIÁ, "Una nueva reforma de los delitos contra la libertad sexual", p. 5 e s., e GEMA MARTÍNEZ MORA, *Alternativas jurídicas al tratamento penal de la delincuencia habitual*, p. 121 e ss.

[53] Sobre a introdução da pena de prisão permanente revisível, criticamente, LASCURAÍN SÁNCHEZ, "Pena indigna y arbitraria", e GIMBERNAT ORDEIG, "Prólogo a la vigésima primeira edición", *Código Penal*, p. 20 e ss. Cf. ainda *Manifiesto contra la prisión permanente revisable.*

[54] Sobre isto, LASCURAÍN SÁNCHEZ / DOPICO GÓMEZ-ALLER, "#porunaleyjusta?".

[55] Cf. ADO 26/DF, decidida em 13 de junho de 2019. Sobre esta decisão, cf. *infra* Parte IV, ponto 2., e nota 189. Sobre o tema, LUCIANO FELDENS / CLAUDIA DADICO, "A liberdade de expressão no Brasil do século XXI: limites e possibilidades ante o discurso do ódio", p. 222 e ss.

2. Manifestações atuais da intervenção penal. Em Portugal

Relativamente ao ordenamento jurídico-penal português justificar-se-á "testar" as disposições e os princípios constitucionais com relevância penal que têm vindo a ser identificados pela doutrina e pela jurisprudência, relativamente a alterações legislativas como, por exemplo, as que incriminam o comportamento de quem, profissionalmente ou com intenção lucrativa, *fomentar, favorecer ou facilitar o exercício por outra pessoa de prostituição* (artigo 169.º, n.º 1, do CP)[56]; de quem *importunar* outra pessoa, formulando *propostas de teor sexual* ou constrangendo-a a *contacto de natureza sexual* (artigo 170.º do CP, na redação da Lei n.º 83/2015, de 5 de agosto)[57]; de quem *produzir, distribuir, importar, exportar, divulgar, exibir ou ceder, a qualquer título e por qualquer meio* materiais pornográficos em que seja utilizado *menor*, de quem *adquirir ou detiver* materiais pornográficos em que seja utilizado *menor* com o propósito de os distribuir, importar, exportar, divulgar, exibir ou ceder ou de quem *praticar aqueles atos* utilizando material pornográfico com *representação realista de menor* (artigo 176.º, n.ºs 1, alíneas *c)* e *d)*, e 4 do CP); de quem intencionalmente *adquirir, detiver, aceder, obtiver ou facilitar o acesso através de sistema informático ou qualquer outro meio* a material pornográfico em que seja utilizado *menor*, (artigo 176.º, n.º 5, do CP); de quem, presencialmente ou através de sistema informático ou qualquer outro meio, sendo maior, *assistir ou facilitar acesso a espetáculo pornográfico envolvendo a participação de menores de 16 anos de idade* (artigo 176.º, n.º 6)[58]; de quem *maltratar ou abandonar animais de companhia* (artigos 387.º e 388.º do CP, aditados pela Lei n.º 69/2014, de 29 de agosto)[59]; de quem *facilitar*

[56] Cf. *supra* nota 38.

[57] Note-se que, relativamente à primeira modalidade, já foi prolatado um Ac. do TC em sede de fiscalização concreta da constitucionalidade – o Ac. n.º 105/2013. Relativamente a esta decisão, criticamente, Anabela Miranda Rodrigues, "Sobre o crime de importunação sexual", p. 430 e ss., e Figueiredo Dias, "O «direito penal do bem jurídico» como princípio jurídico-constitucional implícito", p. 261 e ss. Em geral, incluindo já a incriminação da importunação por via da formulação de propostas de teor sexual, Pedro Caeiro / José Miguel Figueiredo, "Ainda dizem que as leis não andam: reflexões sobre o crime de importunação sexual em Portugal e em Macau", p. 233 e ss. Com pertinência para a incriminação, cf. também Tatjana Hörnle, "La protección de sentimentos en el STGB", p. 375 e ss.

[58] Sobre o crime de pornografia de menores, Maria João Antunes / Cláudia Santos, *Comentário Conimbricense do Código Penal. Parte Especial*, comentário ao artigo 176.º, e Maria João Antunes / Susana Aires de Sousa, "Da relevância da identificação do bem jurídico protegido no crime de pornografia de menores", com referências à bibliografia portuguesa.

[59] Sobre esta nova incriminação, Pedro Albergaria / Pedro Lima, "Sete vidas: a difícil determinação do bem jurídico protegido nos crimes de maus-tratos e abandono de animais", p. 125 e ss., e Susana Aires de Sousa, "Argos e o direito penal (uma leitura dos "crimes contra animais de companhia" à luz dos princípios da dignidade e da necessidade", p. 147 e ss.

a viagem ou a *tentativa de viagem* para um território diferente do seu Estado de residência ou de nacionalidade, com vista à adesão a uma organização terrorista (artigo 4.º, n.º 12, da Lei n.º 52/2003, de 22 de agosto)[60].

No que toca aos crimes contra animais de companhia, é particularmente evidente que as incriminações nos questionam sobre o significado deste alargamento da intervenção penal. Interrogam-nos sobre se o direito penal de proteção de sentimentos (compaixão, solidariedade) está a fazer o seu caminho[61] ou se caminhamos antes para um direito penal de proteção de *bens jurídicos referentes à criatura*[62]. Além de tais incriminações nos questionarem por referência ao disposto no artigo 18.º, n.º 2, da CRP, desde logo por não ser claro que se trate aqui de uma restrição para salvaguarda de outros direitos ou interesses constitucionalmente protegidos[63]. Contrariamente ao que dispõe, por exemplo, a Lei Fundamental alemã, desde 2002, no artigo 20.ºa, ao prever a proteção dos animais como uma responsabilidade do Estado para com as gerações futuras[64].

Justifica-se que o "teste" se estenda também a alterações legislativas das quais decorre uma antecipação da tutela penal, por via da tipificação de novos comportamentos como, por exemplo, o de *aliciamento de menores para fins sexuais* (artigo 176.º-A, do CP, aditado pela Lei n.º 103/2015, de 24 de agosto)[65] e do alargamento dos casos em que a tentativa é punível (artigos 171.º, n.º 5,

[60] Sobre a *Lei de combate ao terrorismo*, em geral, cf. *Terrorismo, Legislação Comentada e Textos Doutrinais*, p. 3 e ss.

[61] No sentido de o bem jurídico protegido ser o sentimento coletivo de compaixão ou solidariedade para com os animais de companhia, Pedro Albergaria / Pedro Lima, "Sete vidas: a difícil determinação do bem jurídico protegido nos crimes de maus-tratos e abandono de animais", p. 152 e ss.

[62] Sobre isto, Claus Roxin, "O conceito de bem jurídico como padrão crítico da norma penal posto à prova", p. 30 e ss., e "Es la protección de bienes jurídicos una finalidad del Derecho penal?", p. 446. E, ainda, criticamente por referência ao conceito de bem jurídico, Knut Amelung "El concepto «bien jurídico» en la teoria de la protección penal de bienes jurídicos", p. 230, e Faria Costa, "Sobre o objeto de proteção do direito penal: o lugar do bem jurídico na doutrina de um direito penal não iliberal", p. 170 e s.

[63] No sentido de que a CRP não protege os animais, falando expressamente em bem digno de proteção jurídica de natureza infraconstitucional, Reis Novais, *Direitos fundamentais e justiça constitucional em estado de direito democrático*, p. 117. No sentido de o bem jurídico protegido nas incriminações não ter referente constitucional, Pedro Albergaria / Pedro Lima, "Sete vidas: a difícil determinação do bem jurídico protegido nos crimes de maus-tratos e abandono de animais", p. 133 e ss.

[64] No sentido de que a previsão constitucional expressa da proteção estadual dos animais não fecha a questão da legitimidade da incriminação, Luís Greco, "Proteção de bens jurídicos e crueldade com animais", p. 54 e s.

[65] Sobre esta nova incriminação, Conceição Cunha, "Da criminalização do 'grooming': reflexões à luz do livre desenvolvimento da personalidade do menor na esfera sexual", p. 403 e ss.

172.º, n.º 4, 173.º, n.º 3, do CP, na versão da Lei n.º 103/2015), na "vertigem de expandir a intervenção penal até aos limites mais remotos"[66]; bem como das alterações de onde resulta uma agravação dos limites das penas principais e acessórias, a eliminação da pena de multa principal alternativa e a introdução de penas acessórias de aplicação automática (artigos 163.º, n.º 2, 164.º, n.º 2, 172.º, n.º 3, 173.º, n.ºs 1 e 2, 174.º, n.ºs 1 e 2, 175.º, n.º 1, 69.º-B, n.ºs 2 e 3, e 69.º-C, n.ºs 2 e 3, do CP, na versão da Lei n.º 103/2015)[67].

O "teste" justifica-se, ainda, quanto a modificações da lei no sentido de o procedimento criminal se extinguir, por efeito de prescrição, no prazo de 15 anos, quando se tratar de determinados crimes – por exemplo, *tráfico de influência, recebimento indevido de vantagem, corrupção passiva, corrupção ativa, crimes da responsabilidade de titulares de cargos políticos, crimes de corrupção cometidos no comércio internacional e na atividade privada, crimes de corrupção no âmbito desportivo* e *fraude na obtenção de subsídio ou subvenção* – (artigo 118.º n.º 1, do CP), valendo em regra um tal prazo para crimes puníveis com pena de prisão cujo limite máximo for superior a 10 anos de prisão[68]; e de o procedimento criminal não se extinguir, por efeito de prescrição, antes de o ofendido perfazer 23 anos nos crimes contra a liberdade e autodeterminação sexual de *menores*, bem como no crime de *mutilação genital feminina sendo a vítima menor*, (artigo 118.º, n.º 5, do CP, por via de alterações introduzidas pela Lei n.º 59/2007, de 4 de setembro, e 83/2015, de 5 de agosto), sendo de 25 anos, quanto aos primeiros, o prazo de cancelamento do registo criminal, quando o prazo geral mais longo é de 10 anos (artigos 4.º da Lei n.º 113/2009, de 17 de setembro, e 11.º, n.º 1, alínea *a)*, da Lei n.º 37/2015, de 5 de maio)[69].

No âmbito de matérias conexas com as de natureza penal justificar-se-á "testar", à luz daquelas disposições e princípios, as normas que criam, entre nós, por força do artigo 4.º da Lei n.º 103/2015, de 24 de agosto, o *registo de identificação criminal de condenados pela prática de crimes contra a autodeterminação sexual e a liberdade sexual de menor*, estando em aberto, desde logo, em face da crescente falta de rigor dogmático do legislador, a questão de saber se,

[66] Cf. Pedro Caeiro / José Miguel Figueiredo, "Ainda dizem que as leis não andam: reflexões sobre o crime de importunação sexual em Portugal e em Macau", p. 257.

[67] Sobre as novas penas acessórias, criticamente, Maria João Antunes, *Penas e Medidas de Segurança*, p. 36 e s. Cf. a redação dada pela Lei n.º 101/2019, de 6 de setembro, a alguns destes artigos.

[68] Sobre a evolução legislativa nesta matéria, criticamente, Cláudia Santos, *A Corrupção de Agentes Públicos e a Corrupção no Desporto*, pp. 29 e s. e 73 e ss.

[69] Criticamente, Maria João Antunes, *Penas e Medidas de Segurança*, p. 9 e s.

em bom rigor, se trata ainda de matéria de natureza penal[70] [71]. O regime legal deste registo denuncia que está orientado para a censura de certo *tipo de crimes* – crimes contra a liberdade e a autodeterminação sexual – para a estigmatização de certo *tipo de autores*[72] – os abusadores sexuais que se tornarão *visíveis* numa lógica de *reintegração por via da humilhação*[73] – e para a proteção de certo *tipo de vítimas* – crianças e jovens, numa lógica de maximização da segurança que só aparentemente deixa espaço para uma ideia de reinserção social[74]. Não obstante ser apregoado pelo legislador que, além de auxiliar a investigação criminal, o sistema de registo visa o acompanhamento da *reinserção do agente na sociedade*, obedecendo ao *princípio do interesse superior das crianças e jovens*, em ordem à concretização do interesse destes a um desenvolvimento pleno e harmonioso (artigo 3.º). Numa confusão manifesta entre *reinserção do agente na sociedade* e *vigilância do agente em sociedade*, tornando-o *visível*[75].

[70] Sobre este registo, Inês Horta Pinto, "O sistema de registo de identificação criminal de condenados pela prática de crimes contra a autodeterminação sexual e a liberdade sexual de menor: análise crítica à luz da política criminal e da Constituição", p. 939 e ss., e António Miguel Veiga, "Dignidade pessoal *versus* (aparente) segurança comunitária: observações sobre o registo português de condenados por crimes sexuais contra menores", p. 70 e ss. Especificamente sobre o artigo 11.º do *sistema de registo*, criticamente, cf., ainda, a Recomendação da Provedora de Justiça n.º 3/B/2018.

[71] Sobre a introdução em França de um ficheiro judicial automático de autores de crimes sexuais e de crimes violentos, Maria João Antunes, "Beleza dos Santos e Eduardo Correia. Obra Única e Original", p. 40 e ss., com referências à jurisprudência do Conselho Constitucional e do TEDH.

[72] Desta forma é contrariada a proposição político-criminal, fundada tanto na vertente social como na vertente liberal da ideia de Estado de direito material, de que a pena constitua um instrumento liberto, em toda a medida possível, de efeito estigmatizante. Assim, Figueiredo Dias, "Os novos rumos da política criminal e o direito penal português do futuro", p. 33 e ss. Com razão, Faria Costa, Beccaria *e o Direito Penal*, p. 8, assinala que, neste caso, "o que está aqui em causa não é sequer o efeito estigmatizante da pena é muito mais, muitíssimo mais do que isso. É coisa diferente. É a estigmatização que está para lá da pena".

[73] Pedimos de empréstimo a John Braithwaite a expressão "reintegrative shaming". Sobre isto, no contexto da justiça restaurativa, Cláudia Santos, A *Justiça Restaurativa. Um modelo de reação ao crime diferente da Justiça Penal. Porquê, para quê e como?*, p. 365 e ss.

[74] Neste sentido, Alonso Rimo, "La publicidade de los antecedentes penales como estratégia de prevención del delito (a propósito de los registros públicos de maltratadores y de delincuentes sexuales)", pp. 562 e s. e 568 e ss.

[75] Sobre os diferentes caminhos que têm sido defendidos e seguidos para tornar o sistema criminal e os agentes da prática dos crimes mais visíveis para o público, particularmente no que toca à divulgação das condenações junto da comunidade, Terry Thomas / David Thompson, "Making offenders visible", p. 340 e ss.

III.
DA CONSTITUIÇÃO COMO *LIMITE* À CONSTITUIÇÃO COMO *FUNDAMENTO* (TAMBÉM COMO FUNDAMENTO) DO DIREITO PENAL. A CATEGORIA DO BEM JURÍDICO

"De um ponto de vista material, o relacionamento entre o direito constitucional e o direito penal constitui uma das questões mais complexas de toda a nossa disciplina"[76]. Não obstante este relacionamento já estar patente nos artigos 5.º e 8.º da Declaração dos Direitos do Homem e do Cidadão de 1789[77], com raízes que remontam ao pensamento iluminista, e de o conceito de crime já não ser meramente formal, a problematização foi evoluindo e adquiriu novos contornos com a passagem da Constituição enquanto limite da legislação penal para a Constituição também como fundamento da intervenção penal, ancorando nela o conceito material de crime e fazendo curso o entendimento de que "é a Constituição que define as balizas da legitimação, tanto material como formal do direito penal"[78]. Perspetivar a Constituição também como *fundamento* e não como mero *limite* do direito penal pode significar muito mais do que afirmar que o direito penal não pode contrariar a Constituição, que certas normas incriminadoras são ilegítimas, que há bens jurídicos que devem ficar à margem da intervenção penal ou que certas sanções não são

[76] Cf. Figueiredo Dias, *Direito Penal. Parte Geral. Questões Fundamentais. A Doutrina Geral do Crime*, Cap. 2.º, § 8.

[77] Ao estabelecer que "a Lei não proíbe senão as ações prejudiciais à sociedade" e que "a Lei apenas deve estabelecer penas estrita e evidentemente necessárias, e ninguém pode ser punido senão em virtude de uma lei estabelecida e promulgada antes do delito e legalmente aplicada", os artigos 5.º e 8.º consagravam já, enquanto princípios do direito penal, os princípios da proporcionalidade e da legalidade.

[78] Cf. Costa Andrade, "Constituição e Direito Penal", p. 198.

admissíveis. De um ponto de vista mais radical, como foi o defendido por Bricola, perspetivar a Constituição como fundamento do direito penal é ver nela um modelo de intervenção penal que se impõe ao legislador de fora e a partir de cima, vinculando-o tanto quanto aos *fins* como quanto aos *instrumentos* de tutela, segundo um "modelo forte"[79].

Se em Itália é ao nome de Franco Bricola que associamos tal passagem na primeira parte dos anos setenta do século passado[80], entre nós é incontornável o nome de Figueiredo Dias, logo na primeira parte dos anos oitenta, na defesa de que "se, num Estado de Direito material, toda a atividade se submete à Constituição, então também a ordem dos bens jurídicos há-de constituir uma ordenação axiológica *como aquela que* preside à Constituição. Entre as duas ordens se verificará pois uma relação, que não é por certo de identidade, ou sequer de recíproca cobertura, mas de analogia substancial, fundada numa especial correspondência de sentido; a permitir afirmar que a ordem de valores jurídico-constitucional constitui o quadro de referência e, simultaneamente, o critério regulativo do âmbito de uma aceitável e necessária atividade punitiva do Estado"[81]. Ainda que tal ordem de valores jurídico-constitucional seja vista também como uma ordem de valores implícitos e se aceite que, além destes, há valores que estão numa relação de pressuposição necessária, valores que não sendo acolhidos na Constituição são instrumentais relativamente aos aí previstos[82]. Ou, com palavras de Silva Dias, "como ordem normativa aberta à experiência comunitária de valores, ou, numa formulação distinta mas de significado análogo, como ordenamento vivido e atualizado por uma «sociedade aberta de intérpretes constitucionais»", com a consequência de os bens jurídicos merecedores de tutela penal não serem

[79] Na conclusão do texto Massimo Donini, "Un Derecho Penal fundado en la carta constitucional: razones y limites. La experiencia italiana", p. 24 e s., e "Principios constitucionales y sistema penal. Modelo y programa", p. 88.

[80] Cf. "Teoria generale del reato", p. 15 e s. Entre nós, sobre a tese de Bricola, Conceição Cunha, *«Constituição e crime». Uma perspetiva da criminalização e da descriminalização*, p. 169 e ss.

[81] Cf. "Os novos rumos da política criminal e o direito penal português do futuro", p. 15 e s. O autor já ia neste sentido num texto de 1981. Cf. "Para uma dogmática do direito penal secundário. Um contributo para a reforma do direito penal económico e social português", p. 35 e ss. e, em especial, p. 58. Para um olhar crítico deste entendimento, Faria Costa, "Sobre o objeto de proteção do direito penal: o lugar do bem jurídico na doutrina de um direito penal não iliberal", p. 162.

[82] Assim, Conceição Cunha, *«Constituição e crime». Uma perspetiva da criminalização e da descriminalização*, pp. 116 e s. e 193 e ss. Sobre isto, com um enquadramento filosófico da questão a partir do juspositivismo e do jusnaturalismo, indicando uma via de superação desta dicotomia, Maria Fernanda Palma, *Direito Constitucional Penal*, pp. 15, 25 e ss. e 37 e ss. E, ainda, Massimo Donini, *Poder Judicial y ética pública. La crisis del legislador y de la ciência penal en Europa*, p. 28 e ss.

deduzidos do texto constitucional, "mas reconstruídos hermenêuticamente a partir das suas normas"[83].

Nas palavras significativas do Ac. do TC n.º 377/2015, "não sendo a Constituição um código detalhado de relações sociais ou sequer do modo de organização do Estado, «o juízo sobre a necessidade do recurso aos meios penais cabe, em primeira linha, ao legislador» (Acórdão n.º 634/93, ponto 6), enquanto titular da função de primeiro mediador, ou concretizador, da ordem jurídico-constitucional (Acórdão n.º 347/86, ponto 7). Todavia, nem por isso chegará a concluir-se que, em Estado de direito, é isenta de vínculos constitucionais a definição legislativa de medidas de política criminal. Nenhum poder o é; e muito menos o será o poder de definir novos crimes e de prever novas penas, o qual, pela sua especial natureza, não dispensará naturalmente a condição de poder constitucionalmente vinculado. Assim, e não obstante a larga margem conformadora que, neste domínio, deve ser reconhecida ao legislador, haverá sempre que concluir que a Constituição surge como o horizonte no qual há de inspirar-se, e por onde há de pautar-se, qualquer programa de política criminal".

O que acaba de ser dito é, porém, tudo menos pacífico. Na doutrina portuguesa, relativamente à qual é de assinalar que acompanha, maioritariamente, o entendimento de que há uma relação daquele tipo entre a ordem legal dos bens jurídico-penais e a ordem de valores jurídico-constitucional[84], Faria Costa defende que "o que se pode identificar é apenas uma tendencial relação de convergência entre os bens jurídico-constitucionais e os bens jurídico-penais, que pode muito bem ser afastada pela prerrogativa de avaliação do legislador ordinário – como mostra, *v. g.*, a proteção penal da memória de pessoa falecida" ou a proteção do meio ambiente, na Alemanha, onde este bem jurídico-penal não encontrava na Lei Fundamental uma correspondência imediata ou direta até 1994. Num plano material, as íntimas conexões entre o direito penal e a constituição também podem, devem segundo o autor, ser

[83] Cf. *«Delicta in Se» e «Delicta Mere Prohibita». Uma Análise das Descontinuidades do Ilícito Penal Moderno à Luz da Reconstrução de uma Distinção Clássica*, p. 650 e s.

[84] Assim, Costa Andrade, "Constituição e Direito Penal", p. 200 e ss., e "A «dignidade penal» e a «carência de tutela penal» como referências de uma doutrina teleológico-racional do crime", p. 183, Gomes Canotilho, "Teoria da legislação geral e teoria da legislação penal", p. 852 e s., Anabela Miranda Rodrigues, *A determinação da medida da pena privativa da liberdade*, pp. 254 e ss. e 287 e ss., Germano Marques da Silva, *Direito Penal Português I. Parte geral. Introdução e teoria da lei penal*, p. 41 e s., Maria Fernanda Palma, "Conceito material de crime e reforma penal", p. 17 e s., e, mais recentemente, Nuno Brandão, *Crimes e Contra-Ordenações: da Cisão à Convergência Material*, p. 567 e ss.

perspetivadas em sentido inverso ao pressuposto no entendimento de Figueiredo Dias (uma conexão vertical da ordem constitucional, de cima, para a ordem penal, para baixo). "Pois, enquanto raiz essencial ao nosso modo de ser comunitário, o direito penal é uma estrutura onto-ontropológica matricialmente fundante da comunidade e, neste sentido, materialmente constitutiva, constitucional"[85] [86].

Por outro lado, e sem que se siga o ponto de partida desta posição doutrinal, são hoje significativas as posições doutrinais que recusam à ordem de valores jurídico-constitucional o papel de quadro de referência e, simultaneamente, o critério regulativo do âmbito de uma aceitável e necessária atividade punitiva do Estado a partir da categoria do bem jurídico. Entende-se, consequentemente, que há bens jurídico-penais sem qualquer referência (explícita ou implícita) àquela ordem, sem que tal acarrete um juízo negativo sobre a sua admissibilidade[87]. Dito de um outro modo, "a Constituição não impõe um limite geral ao legislador ordinário na escolha discricionária dos bens a tutelar penalmente: *o legislador não está vinculado* nesta escolha ao âmbito dos *bens constitucionalmente relevantes*"[88].

[85] Cf. "Sobre o objeto de proteção do direito penal: o lugar do bem jurídico na doutrina de um direito penal não iliberal", p. 162. E, ainda, "T. C., **Acórdão n.º 179/2012 – Processo n.º 182/12.** (Crítica à tipificação do crime de enriquecimento ilícito: *plaidoyer* por um direito penal não iliberal e ético-socialmente fundado", p. 252, e "O princípio da igualdade, o direito penal e a constituição", p. 283 e s. Em textos anteriores, cf. "Tentativa e dolo eventual (ou da relevância da negação em direito penal)", p. 688 e s. e, particularmente, nota 23, e *O Perigo em Direito Penal*, p. 188 e ss. Ainda que segundo entendimento de base distinto, Maria Fernanda Palma, "Constituição e direito penal. As questões inevitáveis", p. 28 e ss., chama a atenção que o direito penal tem um determinado conteúdo histórico que limita ou condiciona a própria Constituição formal, o que permite identificar o Direito Penal Constitucional, por contraposição ao Direito Constitucional Penal.

[86] Para a contraposição das posições doutrinais de Figueiredo Dias e Faria Costa, João Loureiro, "A tentação de Midas: panconstitucionalismo (s), idolatria (s) e realização do direito", p. 100 e ss., concluindo o autor que, na prática, não se encontram diferenças ao nível dos resultados.

[87] Para o posicionamento da doutrina e da jurisprudência italianas quanto a esta questão, Massimo Donini, "Un Derecho Penal fundado en la carta constitucional: razones y limites. La experiencia italiana", p. 32 e ss., Emilio Dolcini / Giorgio Marinucci, "Constituição e escolha dos bens jurídicos", p. 165 e ss., e Conceição Cunha, *«Constituição e crime». Uma perspetiva da criminalização e da descriminalização*, p. 190 e ss. Sobre a questão, também Díez Ripollés, "El control de constitucionalidade de las leyes penales", p. 92, relativamente à jurisprudência espanhola, e Luciano Feldens, *Direitos Fundamentais e Direito Penal – A Constituição Penal*, p. 69 e ss.

[88] Cf. Emilio Dolcini/Giorgio Marinucci, "Constituição e escolha dos bens jurídicos", p. 169 e s., e ainda, reservando o princípio da proteção exclusiva de bens jurídicos para o debate legislativo, Quintero Olivares, "La construcción del bien jurídico protegido a partir de la Constitución", p. 111 e ss. Sobre o que está aqui envolvido, Maria Fernanda Palma, *Direito Constitucional Penal*, p. 114 e ss.

No ordenamento jurídico português, o que é facto é que a CRP vincula a restrição legal de direitos, liberdades e garantias (e de direitos fundamentais de natureza análoga), restrição que ocorrerá sempre que houver a aplicação de uma sanção criminal, à *salvaguarda de outros direitos ou interesses constitucionalmente protegidos*, constituindo o artigo 18.º, n.º 2, um fundamento positivo, doutrinal e jurisprudencial, de grande relevo para a defesa de uma *relação de referência entre a ordem axiológica jurídico-constitucional e a ordem legal dos bens jurídicos que ao direito penal cumpre tutelar*[89]. Sem prejuízo de a Constituição admitir, de forma expressa, no artigo 16.º, n.º 1, primeira parte, que os direitos fundamentais que consagra (direitos fundamentais formalmente constitucionais) não excluem quaisquer outros constantes das leis (direitos materialmente fundamentais)[90]. Ressalva esta que abre a possibilidade de haver restrições de direitos, liberdades e garantias para salvaguarda de direitos apenas materialmente fundamentais.

Isto, não obstante a doutrina constitucional portuguesa não ser unânime quanto aos termos da vinculação decorrente do artigo 18.º, n.º 2, da CRP. Reis Novais admite a restrição de um direito fundamental constitucionalmente consagrado para salvaguarda de um *bem ou interesse sem valor constitucional*[91].

[89] Cf. FIGUEIREDO DIAS, *Direito Penal. Parte Geral. Questões Fundamentais. A Doutrina Geral do Crime*, Cap. 6.º, §§ 30 e 36 e ss., COSTA ANDRADE, "Constituição e Direito Penal", p. 202, TERESA PIZARRO BELEZA, *Direito Penal*, p. 50 e s., designadamente nota 31, CONCEIÇÃO CUNHA, *«Constituição e crime». Uma perspetiva da criminalização e da descriminalização*, p. 195 e ss., ANABELA MIRANDA RODRIGUES, *A determinação da medida da pena privativa da liberdade*, pp. 255 e s. e 287 e ss., SILVA DIAS, *«Delicta in Se» e «Delicta Mere Prohibita». Uma Análise das Descontinuidades do Ilícito Penal Moderno à Luz da Reconstrução de uma Distinção Clássica*, p. 651 e ss., MARIA FERNANDA PALMA, "Conceito material de crime e reforma penal", p. 15 e s., e *Direito Constitucional Penal*, p. 116 e ss., FREDERICO COSTA PINTO, *A Categoria da Punibilidade na Teoria do Crime*, p. 45 e s., e TAIPA DE CARVALHO, *Direito Penal. Parte Geral. Questões Fundamentais. Teoria Geral do Crime*, § 71.
Quanto à jurisprudência constitucional, cf. Ac. n.º 377/2015, decisão que refere decisões anteriores.

[90] Para a distinção, GOMES CANOTILHO, *Direito Constitucional e Teoria da Constituição*, pp. 379 e s. e 403 e s.

[91] Cf. *As restrições aos direitos fundamentais não expressamente autorizadas pela Constituição*, p. 615 e ss. e, relativamente ao citado de seguida, pp. 611 e s. e 620. E, ainda, mais recentemente, *Direitos fundamentais e justiça constitucional em estado de direito democrático*, p. 114 e ss. Criticamente sobre tal entendimento do artigo 18.º, n.º 2, GOMES CANOTILHO/VITAL MOREIRA, *Constituição da República Portuguesa Anotada*, anotação ao artigo 18.º, ponto **XI**. Segundo os autores, a *reserva constitucional de bens* é uma "dimensão garantística ineliminável do regime das leis restritivas", observando que "o alargamento das restrições a quaisquer bens daria guarida a uma conceção relativista de bem potencialmente dissolvente da força normativa da Constituição e do regime «reforçado» dos direitos, liberdades e garantias". Defendem até que nem sequer "todos os interesses constitucionalmente garantidos são adequados para justificar a restrição".

Apesar de entender que, "no fundo, a natureza tendencialmente reguladora e integradora das Constituições de Estado social de Direito, aliadas às virtualidades expansionistas da consagração dos direitos fundamentais económicos, sociais e culturais, tende a elevar à natureza de bens constitucionais praticamente todos os valores relevantes da vida em comunidade". E que, "por outro lado, à medida que a doutrina e a jurisprudência desenvolvem dogmaticamente princípios constitucionais estruturantes – como sejam o princípio do Estado de Direito, o princípio democrático, a igualdade, a separação de poderes, a dignidade da pessoa humana – e deles retiram correspondentes consequências jurídicas é todo um praticamente infindável leque de bens com eles de algum modo correlacionados que acede indiretamente à dignidade de bem de valor constitucional". Em palavras conclusivas que questionam inevitavelmente a doutrina penal portuguesa dominante, o autor esclarece o sentido a atribuir à norma do artigo 18.º, n.º 2, segundo a qual as restrições só podem prosseguir *direitos ou interesses constitucionalmente protegidos*, afirmando o seguinte: "a abrangência e indeterminação da fórmula aponta para a possibilidade de *cobrir* com a *capa* da Constituição qualquer bem ou interesse infraconstitucional que surja como candidato à justificação da restrição. Por outro lado, recorrendo, nos termos do art. 16.º, n.º 2, da Constituição, à Declaração Universal dos Direitos do Homem para interpretar e integrar o sentido daquela norma, diremos que, no fundo, os *direitos e interesses constitucionalmente protegidos* para fins de justificar uma restrição a direitos fundamentais são os que, segundo o artigo 29.º, n.º 2, da *Declaração* decorrem das exigências de proteção dos direitos e liberdades dos outros, da moral, da ordem pública e do bem-estar numa sociedade democrática".

Note-se que esta interpretação do disposto no artigo 18.º, n.º 2, da CRP se aproxima do que dispõe a Lei Fundamental alemã no artigo 2.º, § 1: "todos têm o direito ao livre desenvolvimento da sua personalidade, desde que não violem os direitos de outros e não atentem contra a ordem constitucional ou a *lei moral*" (itálico aditado). E que por via deste enunciado se podem depois justificar decisões do TC alemão e posições da doutrina germânica que já não seriam justificáveis segundo o entendimento doutrinal e jurisprudencial maioritário do que dispõe o artigo 18.º, n.º 2, da CRP.

1. De um conceito *formal* de crime a um conceito *material*

Na passagem da Constituição de *limite* a *fundamento* (também a fundamento) do direito penal é inevitável considerar a evolução de um conceito *formal* de crime para um conceito *material*, no sentido de algo que é *previamente dado* ao legislador e que se constitui em *padrão crítico* do direito vigente e do direito a constituir, enquanto critério de criminalização e de descriminalização de comportamentos[92]. Mais propriamente a evolução para um conceito material de crime assente na função de tutela de *bens jurídicos* (e já não de direitos subjetivos, ao jeito de Feuerbach), em que o conceito de bem jurídico enquanto *padrão crítico* de normas penais já vigentes e futuras encontra, segundo uma parte significativa da doutrina, uma indispensável referência na ordem axiológica jurídico-constitucional[93]. Ao ponto de serem autonomizados enquanto parâmetros de fiscalização da constitucionalidade de normas penais incriminadoras e não apenas enquanto diretrizes político-criminais dirigidas ao legislador, princípios como o *princípio jurídico-constitucional do «direito penal do bem jurídico»*, na formulação de Figueiredo Dias[94], o princípio constitucional da ofensividade e o princípio constitucional da proporcionalidade.

Se é certo que relativamente a este último princípio não é inevitável a referência ao bem jurídico, o que é facto é que a aferição da conformidade constitucional de normas penais incriminadoras ocorre, frequentemente, por via de um juízo de proporcionalidade por referência ao bem jurídico que a norma intenta proteger. Segundo Roxin, "o ponto de conexão jurídico-constitucional para a inadmissibilidade de estas normas penais é a proibição do excesso, decorrente do princípio da proporcionalidade", sendo que este princípio e o princípio do direito penal do bem jurídico se complementam mutuamente. Citando Schönke / Schröder, conclui que "no que diz respeito à questão de saber quais as finalidades perseguidas pela legislação penal há uma interseção entre a teoria do bem jurídico e as exigências jurídico-constitucionais (...): o princípio da proporcionalidade enquanto ponto de referência, pressupõe a proteção de um bem jurídico, para o qual é útil a teoria do bem jurídico, sem que desta forma se tenha previamente determinado qualquer conclusão que há de decorrer de um exame jurídico-constitucional". A questão é que "não existe uma proporcionalidade em si mesma: o juízo de proporcionalidade estabelece antes uma relação entre a intervenção estatal e os objetivos por

[92] Sobre esta evolução, Figueiredo Dias, *Direito Penal. Parte Geral. Questões Fundamentais. A Doutrina Geral do Crime*, Cap. 6.º, § 1 e ss., e Costa Andrade, *Consentimento e Acordo em Direito Penal (contributo para a fundamentação de um paradigma dualista)*, p. 42 e ss.

[93] Sobre a evolução da noção de bem jurídico, Figueiredo Dias, *Direito Penal. Parte Geral. Questões Fundamentais. A Doutrina Geral do Crime*, Cap. 6.º, § 16 e ss., e Costa Andrade, *Consentimento e Acordo em Direito Penal (contributo para a fundamentação de um paradigma dualista)*, p. 51 e ss.

[94] Cf. "O «direito penal do bem jurídico» como princípio jurídico-constitucional. Da doutrina penal, da jurisprudência constitucional portuguesa e das suas relações", p. 31 e ss.

ela perseguidos, no âmbito da qual o modo e a dimensão de tutela de bens jurídicos jogam um papel decisivo"[95].

Afirmando o princípio da proteção de bens jurídicos enquanto diretriz político-criminal dirigida a quem legisla e não a quem controla a conformidade constitucional das incriminações e refutando a crítica dos que assinalam que a limitação do legislador se faz por via constitucional e não por intermédio do pensamento de alguns professores[96], Roxin abre, porém, o caminho à conformidade constitucional de normas incriminadoras que não tutelem qualquer bem jurídico, tudo dependendo, a final, da sua conformidade à luz do princípio da proporcionalidade[97]. É o que sucederá, segundo o próprio, quanto à incriminação do comportamento de quem pratique atos sexuais em público, de quem envie material pornográfico não solicitado, de quem exiba filmes pornográficos mediante a cobrança de um preço, de quem disponibilize a outrem escritos ou imagens de pornografia animal, de quem possua uma fotografia com conotação sexual da namorada de 17 anos de idade ou do médico que realize intervenção de doação de órgãos *inter vivos* entre pessoas que não sejam familiares ou pessoas próximas. Conclui relativamente às duas primeiras incriminações que são constitucionalmente conformes, à luz do princípio da proporcionalidade, atenta a pouca gravidade da pena e a circunstância de não se poder vedar ao legislador a punição de atos contrários aos costumes e ao decoro, quando realizados de modo ofensivo e em público, uma vez que o livre desenvolvimento da personalidade pode ser limitado pela "lei moral", segundo o artigo 2.º, § 1 da Lei Fundamental. Já as outras incriminações não são constitucionalmente conformes, não porque não protejam qualquer bem jurídico, mas antes porque violam o princípio da proporcionalidade.

Por outro lado, ainda segundo Roxin, pode haver outros limites constitucionais à criminalização de condutas que não põem em causa bens jurídicos,

[95] Cf. CLAUS ROXIN, "O conceito de bem jurídico como padrão crítico da norma penal posto à prova", p. 36 e s., e "Es la protección de bienes jurídicos una finalidad del Derecho penal?", p. 443. E, ainda, no mesmo sentido, entre outros, WINFRIED HASSEMER, "Puede haber delitos que no afectem a un bien jurídico penal?", p. 94 e ss., SANTIAGO MIR PUIG, *Bases Constitucionales del Derecho Penal*, p. 111 e ss., INGO SARLET, "Constituição e proporcionalidade: o direito penal e os direitos fundamentais entre proibição de excesso e insuficiência", p. 98 e ss., PRIETO SANCHÍS, *Justicia constitucional y derechos fundamentales*, p. 272 e ss., DÍEZ RIPOLLÉS, "El control de constitucionalidade de las leyes penales", p. 86 e ss., e ADÁN NIETO, "Un triángulo necessário: ciência de la legislación, control constitucional de las leyes penales e legislación experimental", p. 433.

[96] Cf., *infra*, o que se diz em texto sobre a decisão do Tribunal Constitucional alemão relativa à criminalização do incesto.

[97] Cf. "O conceito de bem jurídico como padrão crítico da norma penal posto à prova", p. 39 e ss.

de que são exemplos o direito fundamental à *inviolabilidade do núcleo duro da vida privada* e do *direito fundamental à liberdade de expressão*, os quais vinculam o legislador de uma forma mais intensa do que o princípio da proporcionalidade. A proibição constitucional de incriminação de relações homossexuais entre adultos, do incesto entre irmãos, da posse de drogas para consumo próprio e da mera negação de factos históricos tem fundamento em tais direitos fundamentais e não propriamente na ausência de bem jurídico[98].

2. Jurisprudência constitucional

Aceitando a posição doutrinal de Figueiredo Dias, o TC português tem usado como parâmetro de controlo da constitucionalidade das normas que dizem o que é crime o *princípio jurídico-constitucional do «direito penal do bem jurídico»*, a partir dos critérios da dignidade penal do bem jurídico e da necessidade da intervenção penal (da carência de tutela penal), com fundamento na exigência de que *as restrições legais aos direitos liberdades e garantias, nos casos expressamente previstos na Constituição, têm de limitar-se ao necessário para a salvaguarda de outros direitos ou interesses constitucionalmente protegidos* (artigo 18.º, n.º 2, da Constituição)[99]. Tendo em conta este parâmetro importa identificar, num primeiro momento, um *bem jurídico digno de tutela penal*, assim se exprimindo a *relação de mútua referência* entre a ordem axiológica jurídico-constitucional e a ordem legal (jurídico-penal) dos bens jurídicos; e, num segundo passo, afirmada a existência de um bem jurídico com *dignidade jurídico-penal*, averiguar se este *obtém ou não proteção suficiente e adequada* através de outros meios de política social.

Mediaram mais de três décadas entre os Acórdãos n.ºs 25/84 e 85/85, relativos à interrupção voluntária da gravidez, e o Acórdão n.º 377/2015, sobre o enriquecimento injustificado e o que sobressai é uma linha jurisprudencial que é de continuidade e não de rutura.

Pode retirar-se dos primeiros que "são duas, fundamentalmente, as ideias determinantes da posição que colhe apoio dominante no Tribunal. Por um lado, entende-se que a vida intrauterina compartilha da proteção que a Constituição

[98] Cf. *infra* Parte IV, ponto 1.2.

[99] Sobre esta jurisprudência, , Figueiredo Dias, "O «direito penal do bem jurídico» como princípio jurídico-constitucional implícito", p. 252 e ss., Joana Amaral Rodrigues, "A teoria do bem jurídico-penal: várias dúvidas e uma possível razão", p. 199 e ss., e Maria João Antunes, "Direito penal, direito processual penal e direito da execução das sanções privativas da liberdade e jurisprudência constitucional", p. 90 e ss., e "Direito penal fiscal – algumas questões da jurisprudência constitucional", p. 791 e s.

confere à vida humana enquanto bem constitucionalmente protegido (...). Por outro lado, independentemente da natureza da proteção constitucional da vida intrauterina, nada, porém, impõe constitucionalmente que essa proteção tenha de ser efetivada, sempre e em todas as circunstâncias, mediante meios penais, podendo a lei não recorrer a eles quando haja razões para considerar a penalização como desnecessária, inadequada ou desproporcionada, ou quando seja possível recorrer a outros meios de proteção mais apropriados e menos gravosos".

E pode ler-se no de 2015, que o princípio da *necessidade de pena*, sediado, textualmente, no artigo 18.º, n.º 2, da CRP, enquanto padrão legitimador da constitucionalidade das novas incriminações, concretiza-se e desdobra-se em duas vertentes essenciais. "De acordo com a primeira, a decisão de política legislativa que se traduz na previsão de um novo tipo criminal só será conforme ao previsto no n.º 2 do artigo 18.º da CRP se o bem jurídico por esse novo tipo protegido se mostrar digno de tutela penal; de acordo com a segunda, a mesma decisão de política legislativa só passará o crivo da legitimação constitucional se o bem jurídico protegido pelo novo tipo incriminador se revelar carente de tutela penal. Em qualquer caso – di-lo também a jurisprudência – a verificação destas duas vertentes, através das quais se traduz a exigência de proporcionalidade quando aplicada a medidas de política legislativa que se cifrem em decisões de novas incriminações, deve ser cumulativa: não basta que o «bem jurídico» protegido pelo novo tipo criminal se mostre digno de tutela penal; é ainda necessário que esse mesmo «bem» se revele dela [da tutela penal] «carente» ou «precisado». Assim, tem sido dito que, antes do mais, as sanções penais, «por serem aquelas que em geral maiores sacrifícios impõem aos direitos fundamentais» (Acórdão n.º 99/02, ponto 5) só serão constitucionalmente legítimas se através delas se protegerem bens jurídicos que se mostrem dignos de tutela penal. Sustentar esta afirmação equivale a dizer que toda e qualquer decisão legislativa de política criminal, que se traduza na opção de definir novos tipos de crimes e de prever para eles novas penas, deve desde logo revelar-se como uma medida adequada para conferir amparo a interesses, individuais ou coletivos, de conservação ou manutenção de valores sociais aos quais seja possível reconhecer a máxima relevância jurídica; e que, em Estado de direito democrático, o critério para a determinação do que seja a «máxima relevância jurídica» de certo valor social que deva ser preservado há de encontrar-se, não em um qualquer corpus normativo que seja exterior à Constituição, mas apenas dentro dela e no quadro axiológico que lhe seja próprio. É neste sentido – exigido pelo primado normativo da Constituição, decorrente do n.º 1 do artigo 3.º da CRP – que se diz que, em cada nova incriminação, «há de observar-se uma estrita analogia entre a ordem axiológica constitucional e a ordem legal dos bens jurídico-penais» (Acórdão n.º 108/99, ponto 4); e que «toda a norma incriminatória na base da qual não seja suscetível de se divisar um bem jurídico-penal claramente definido é nula, porque materialmente inconstitucional» (Acórdão n.º 179/2012, ponto 7). Em segundo lugar, porém, afirmar-se que a decisão de prever novos crimes e novas penas não pode deixar de ser reveladora de uma ponderação acertada [quanto à indispensabilidade da tutela penal para a realização de um fim suficientemente valioso que a justifique], equivale ainda a afirmar-se que a pena só será necessária quando se mostrar adequada para proteger bens jurídicos que se mostrem carentes de tutela penal. Não basta que, em cada nova incriminação, se divise a intenção de preservar um valor social que, de acordo com a Constituição, possa ser tido como merecedor do mais elevado grau de proteção jurídica; é ainda necessário que o fim almejado – a preservação de tal valor – não possa ser realizado por outro meio de política legislativa que não aquele que se traduz no recurso à intervenção penal".

Em Itália faz-se apelo ao *princípio constitucional da ofensividade,* princípio que supõe um *modelo de crime como ofensa a bens jurídicos.* O princípio comporta para o juiz "o dever de excluir a subsistência do crime quando o facto, no mais, em tudo se apresenta na conformidade do tipo, mas, ainda assim, concretamente é inofensivo ao bem jurídico específico tutelado pela norma", usando-se o critério da *razoabilidade* enquanto parâmetro de controlo[100]. Na jurisprudência brasileira, o *princípio da ofensividade do bem jurídico protegido* é usado no voto-vista do Ministro Edson Fachin, a propósito da questão, pendente no STF, da criminalização da posse de drogas para consumo pessoal, louvando-se em Faria Costa. Entende-se que, embora tenha matriz constitucional, a proporcionalidade não se afigura "critério legitimador único para investigar a compatibilidade constitucional das normas que definem crimes de perigo abstrato"[101].

Por seu turno, o princípio da proporcionalidade é um parâmetro usado quer pelo TC alemão quer pelo TC espanhol, com referência ao conceito de

[100] Cf., com indicações doutrinais, Francesco Palazzo, *Valores Constitucionais e Direito Penal,* p. 79 e s. E, ainda, já com referências jurisprudenciais, Emilio Dolcini/Giorgio Marinucci, "Constituição e escolha dos bens jurídicos", p. 151 e s., e Francesco Palazzo, "Direito penal e Constituição na experiência italiana", p. 42 e s., e "Offensività e Ragionevolezza nel controlo di costituzionalità sul contenuto dele leggi penali", p. 350 e ss.

[101] Cf. o processo RE 635.659/RG.

bem jurídico[102]. Mas é também usado, por exemplo, pelo Supremo Tribunal Federal brasileiro, com essa mesma referência. Além da decisão de 13 de outubro de 2013, que declarou a inconstitucionalidade da criminalização da posse não justificada de instrumento de emprego usual na prática de furto, o princípio da proporcionalidade assume agora especial relevância no voto do Ministro Relator Gilmar Mendes sobre a questão, já mencionada, da criminalização da posse de drogas para consumo pessoal[103].

3. Crise do conceito material de crime assente na função de tutela de bens jurídicos

Hoje, porém, é o próprio conceito material de crime assente na função de tutela de *bens jurídicos* que está em crise e, consequentemente, o conceito de bem jurídico enquanto *padrão crítico* de normas penais incriminadoras já constituídas e a constituir e, logo, também enquanto parâmetro de aferição da constitucionalidade destas normas por parte da jurisdição competente[104].

É disto mesmo significativa a decisão de 26 de fevereiro de 2008 do Tribunal Constitucional alemão sobre a norma penal relativa ao incesto (*Beischlaf zwischen Verwandten* – § 173 do CP). A decisão rejeitou, expressamente, que da teoria do bem jurídico seja dedutível qualquer critério constitucional de limitação do legislador penal: se, por um lado, há falta de consenso quanto

[102] Quanto à jurisprudência do TC alemão são significativas quer a primeira decisão sobre a interrupção voluntária da gravidez, de 1975, quer a mais recente, de 2008, sobre o incesto. No sentido da conclusão do texto, Winfried Hassemer, "El principio de proporcionalidade como limite de las intervenciones jurídico-penales", p. 199. Relativamente à jurisprudência espanhola, cf. a Sentença 55/1996, de 28 de março, considerada a primeira grande decisão sobre o princípio da proporcionalidade. Assim, Lascuraín Sánchez, "El control constitucional de las leys penales", p. 758. Sobre esta decisão marcante e, em geral, Díez Ripollés, "El control de constitucionalidade de las leyes penales", p. 82 e ss.

[103] Cf., respetivamente, os processos RE 583.523/RS e RE 635.659/RG. Vai também no sentido da violação do princípio da proporcionalidade o voto do Ministro Roberto Barroso, de acordo com as anotações para o voto oral. Para outras decisões do Supremo Tribunal Federal que apelam ao princípio da proporcionalidade, Ingo Sarlet, "Constituição e proporcionalidade: o direito penal e os direitos fundamentais entre proibição de excesso e insuficiência", p. 107 e s. Na doutrina brasileira, ainda, Regis Prado, *Bem Jurídico-Penal e Constituição*, pp. 67 e s. e 90 e ss.

[104] São reveladores desta crise do conceito de bem jurídico, no plano do controlo por parte dos tribunais constitucionais, os textos de Detlev Sternberg-Lieben, "Bien jurídico, proporcionalidade y libertad del legislador penal", de Otto Lagodny, "El Derecho penal sustantivo como piedra de toque de la dogmática constitucional", de Michael Bunzel, "La fuerza del princípio constitucional de proporcionalidade como limite de la protección de bienes jurídicos en la sociedad de la información", pp. 101 e ss., 123 e ss. e 158 e ss., respetivamente.

ao conceito de bem jurídico, por outro, compete ao legislador democraticamente legitimado – não aos penalistas – determinar os bens a proteger por via do direito penal[105]. Impressiona, de facto, a rejeição *expressa* da teoria do bem jurídico. Porém, em bom rigor, o Tribunal Constitucional alemão já a havia rejeitado, de forma implícita, na decisão de 10 de maio de 1957, a propósito do então § 175 (*Homosexuelle Handlungen*), mediante o qual era incriminada a homossexualidade entre adultos. O que abriu caminho aos críticos que viram a descriminalização posterior como uma diminuição da condenação moral do comportamento e não propriamente como algo decorrente do respeito pelo dogma do bem jurídico[106].

Numa perspetiva crítica, aquela decisão de 2008 escancara a incapacidade de um conceito material de crime assente na função de tutela de bens jurídicos para servir de *padrão crítico* de incriminações protetoras de "convicções sociais", as quais se assemelham, no fundo, a convicções morais, fragilizando, decididamente, uma das bandeiras que o direito penal do bem jurídico, de cunho liberal, pretendeu hastear[107]. A decisão legitimou o entendimento, reiterando-o, dos que concluem que as reformas legislativas em matéria de crimes

[105] Cf. *BVerfGE* 120, 224. Esta decisão e outras das posteriormente citadas estão também disponíveis em www.bundesferfassungsgerich.de.

[106] Cf. *BVerfGE* 6, 389. Segundo Bernd Schünemann ("El principio de protección de bienes jurídicos como punto de fuga de los limites constitucionales de los tipos penales y de su interpretación", p. 205), o Tribunal Constitucional alemão deixou passar nesta decisão a primeira oportunidade para impor a limitação do direito penal através da proteção de bens jurídicos. Criticamente, também Claus Roxin, "O conceito de bem jurídico como padrão crítico da norma penal posto à prova", p. 14 e s. Para uma posição crítica da jurisprudência constitucional alemã em matéria penal, cf., ainda, relativamente aos mesmos autores, pp. 206 e ss. e 15 e ss., respetivamente.

[107] Para uma crítica da decisão, além do voto dissidente de Winfried Hassemer, Wilfried Bottke, "*Roma locuta causa finita?* Adiós a la exigência de protección de los bienes jurídicos?", p. 120 e ss., Luís Greco, "Tem futuro a teoria do bem jurídico? Reflexões a partir da decisão do Tribunal Constitucional Alemão a respeito do crime de incesto (§ 173 *Strafgesetzbuch*)", p. 168 e ss., Attilio Nisco, "Controle das escolhas de incriminação e eclipse do bem jurídico: o caso do incesto no direito alemão", p. 16 e ss., e Claus Roxin, "O conceito de bem jurídico como padrão crítico da norma penal posto à prova", p. 16 e s.
No direito alemão, contra a incriminação do incesto, por os tabus não serem bens jurídicos, Claus Roxin, "Es la protección de bienes jurídicos una finalidad del Derecho penal?", p. 441. Entre nós, para uma justificação da não incriminação de práticas sexuais entre adultos, em privado e que nelas consintam, ainda que exista uma relação familiar, por referência ao bem jurídico da liberdade e da autodeterminação sexual, Conceição Cunha, "Breve reflexão acerca do tratamento jurídico-penal do incesto", p. 351 e ss.
Sobre a evolução da punição do incesto em Portugal, das Ordenações ao CP de 1982, Teresa Pizarro Beleza, *Direito Penal*, p. 30 e s.

sexuais não podem ser vistas como um êxito da teoria do bem jurídico, mas apenas como uma consequência de alterações ao nível da perceção social da sexualidade[108]. E deu argumentos, em crítica ao "moralismo jurídico-penal" decorrente daquela decisão do Tribunal de Karlsruhe, à defesa de um *padrão crítico* diferente do conceito de bem jurídico, como, por exemplo, o "critério da autonomia ou da esfera nuclear da vida privada"[109], bem como à afirmação de proibições constitucionais de criminalização fundadas no direito fundamental à *inviolabilidade do núcleo duro da vida privada*[110].

Expressão de uma tal incapacidade para servir de *padrão crítico* é, por certo e nomeadamente, a reflexão doutrinal em torno da proteção penal de sentimentos e de tabus, do paternalismo legal, do populismo penal, do princípio anglo-americano do dano, do princípio da ofensa ("*offence principle*"), de princípios limitadores que vão além do critério do bem jurídico ("*mediating principles*"), dos delitos de conduta e dos bens jurídicos aparentes (como, por exemplo, a "confiança" ou a "segurança"), coletivos, supra-individuais, intermédios e instrumentais[111], num percurso que, não raras vezes, nos confronta com a questão de saber se ainda há espaço para melhorar o direito penal da proteção de bens jurídicos ou se resta antes substituí-lo por algo melhor. Uma substituição, pelo menos, no que toca ao papel de padrão crítico de normas incriminadoras vigentes e futuras, reservando para a categoria do bem jurí-

[108] Este é o entendimento, entre outros, de Wolfgang Wohlers, "Las jornadas desde la perspectiva de un escéptico del bien jurídico", p. 394.

[109] Assim, Luís Greco, "Tem futuro a teoria do bem jurídico? Reflexões a partir da decisão do Tribunal Constitucional Alemão a respeito do crime de incesto (§ 173 *Strafgesetzbuch*)", p. 172 e ss. Para uma crítica deste entendimento, Claus Roxin, "O conceito de bem jurídico como padrão crítico da norma penal posto à prova", p. 41 e s.

[110] Cf. *supra* ponto 1.

[111] Atestam esta reflexão doutrinal, entre outros, os textos de Claus Roxin, "O conceito de bem jurídico como padrão crítico da norma penal posto à prova", p. 28 e ss., Andrew von Hirsch, "El concepto de bien jurídico y el «princípio del dano»", p. 43 e ss., Knut Amelung "El concepto «bien jurídico» en la teoria de la protección penal de bienes jurídicos", p. 242 e ss., Tatjana Hörnle, "La protección de sentimentos en el STGB", p. 377 e ss., Bernd Schünemann, "Protección de bienes jurídicos, *ultima ratio* y víctimodogmática. Sobre los limites inviolables del Derecho Penal en un Estado de Derecho liberal", p. 63 e ss., Massimo Donini, "Un Derecho Penal fundado en la carta constitucional: razones y limites. La experiencia italiana", p. 33, e de Ana Elisa Bechara, "O rendimento da teoria do bem jurídico no direito penal atual", p. 1 e s.
Entre nós, entre outros, Faria Costa, "Sobre o objeto de proteção do direito penal: o lugar do bem jurídico na doutrina de um direito penal não iliberal", p. 168 e ss., Maria João Antunes / Cláudia Santos, *Comentário Conimbricense do Código Penal. Parte Especial*, comentário ao artigo 174.º, § 3, e Maria João Antunes, "Novos desafios da jurisdição constitucional em matéria penal", p. 70 e ss.

dico somente o papel sistemático-interpretativo que também lhe é assinalado. Ou, pelo menos, uma substituição no que se refere ao princípio da proteção de bens jurídicos enquanto parâmetro de controlo da conformidade constitucional de normas incriminadoras, subsistindo o princípio, no seu papel crítico, somente como diretriz político-criminal dirigida ao legislador[112]. O que deixa em aberto a questão de saber se é desejável e defensável que o *padrão crítico* do legislador seja diferente do *padrão crítico* usado para controlar a conformidade constitucional da lei.

Segundo Faria Costa, em face dos grandes apuros em que está o princípio da exclusiva proteção de bens jurídicos, "existem *primo conspectu*, apenas três opções: *a)* assumir, sem titubear, a realização de sérios esforços de densificação do teor crítico-liberal do bem jurídico como o único critério de limitação da dignidade de proteção penal; *b)* abandonar o bem jurídico e delimitar o objeto de tutela a partir de outras categorias; *c)* conservar o bem jurídico e aliviar a sua sobrecarga, admitindo-se, complementarmente, a existência de outros objetos também dignos de proteção penal". Conclusivamente afirma que "as lógicas da substituição e da complementaridade da teoria da exclusiva proteção de bens jurídicos pouco ou nada têm a oferecer a um direito penal que ainda se quer minimamente liberal. Já a lógica da densificação tem, ainda, muito a oferecer. Mas este muito deve ser inserido em uma análise mais global, em uma compreensão integral de todas as pretensões liberais que inundam o direito penal e que condicionam a legitimidade de sua intervenção a três exigências: a identificação de um bem jurídico digno de proteção; e a comprovação da necessidade de tutela penal à luz do princípio da proporcionalidade em sentido amplo"[113].

É por demais evidente a relação que se foi estabelecendo entre a Constituição e o conceito de bem jurídico. A crise que questiona o *direito penal do bem jurídico* e, nomeadamente, o conceito pessoal de bem jurídico, pondo em causa a capacidade do conceito material de crime para servir de *padrão crítico*, não pode, por isso, deixar de ser visitada a partir do pensamento crítico de autores como, por exemplo, Stratenwerth, defensor de delitos de conduta[114], e Jakobs, autor que substitui o bem jurídico pela vigência da norma, para quem, "metaforicamente, a vigência da norma aparece como

[112] Cf. *supra* ponto 1.

[113] Cf. "Sobre o objeto de proteção do direito penal: o lugar do bem jurídico na doutrina de um direito penal não iliberal", pp. 159 e 173.

[114] Cf. "Sobre la legitimación de los «delitos de conducta»", p. 237 e ss.

o específico «bem jurídico-penal»"[115]. E, também, a partir da introdução no discurso jurídico-penal de temas como o da "sociedade do risco", o da globalização, o da proteção das gerações futuras, o da proteção do ambiente e dos animais e o da tutela dos direitos fundamentais[116].

[115] Cf. Faria Costa, "Sobre o objeto de proteção do direito penal: o lugar do bem jurídico na doutrina de um direito penal não iliberal", p. 163.

[116] Sobre o referido em texto, em defesa do direito penal do bem jurídico, Claus Roxin, "O conceito de bem jurídico como padrão crítico da norma penal posto à prova", p. 26 e ss., e "Es la protección de bienes jurídicos una finalidad del Derecho penal?", p. 444 e ss., Winfried Hassemer, "Puede haber delitos que no afectem a un bien jurídico penal?", p. 99 e s., e Roland Hefendehl, "De largo aliento: el concepto de bien jurídico. O que há sucedido desde la aparición del volumen colectivo sobre la teoria del bien jurídico", p. 449 e ss. Entre nós, Figueiredo Dias, *Direito Penal. Parte Geral. Questões Fundamentais. A Doutrina Geral do Crime*, Cap. 6.º, § 46 e ss., Susana Aires de Sousa, *Os Crimes Fiscais. Análise Dogmática e Reflexão sobre a Legitimidade do Discurso Criminalizador*, pp. 171 e ss. e 201 e ss., e Faria Costa, "Sobre o objeto de proteção do direito penal: o lugar do bem jurídico na doutrina de um direito penal não iliberal", p. 162 e ss.

IV.
DA CONSTITUIÇÃO COMO *LIMITE* À CONSTITUIÇÃO COMO *FUNDAMENTO* (TAMBÉM COMO FUNDAMENTO) DO DIREITO PENAL. A CONSTITUCIONALIZAÇÃO DOS DIREITOS FUNDAMENTAIS

Na passagem da Constituição de *limite* a *fundamento* (também a fundamento) do direito penal é incontornável a evolução trilhada em matéria de direitos fundamentais, o que vale também por dizer que é inevitável a evolução de um *Estado legislativo de direito* onde é dada toda a primazia à lei e, consequentemente, ao princípio da legalidade para um *Estado constitucional* onde a lei tem de se subordinar à Constituição e ao princípio que impõe tal subordinação – ao princípio da constitucionalidade – e onde a lei tem de conviver com a autonomia dos direitos[117]. Nas palavras de Zagrebelsky, a Constituição do século XX "fragmenta o direito, ao separar a lei dos direitos"[118].

1. A constitucionalização dos direitos fundamentais e o direito penal

Para lá da dimensão constitucional positiva que os direitos fundamentais foram adquirindo, passando a estar enquadrados no quadro global da Constituição, ganhando em concretização e especificidade e adquirindo a juridicidade específica que lhes advém do facto de terem passado a constar deste instrumento de direito interno escrito[119], o que avulta na ligação específica destes direitos ao direito penal destaca-se em planos distintos: no da *relação de mútua referência entre a ordem axiológica jurídico-constitucional e a ordem legal*

[117] Sobre o tema, Gustavo Zagrebelsky, *El derecho dúctil. Ley, derechos, justicia*, p. 21 e ss.

[118] Cf. *El derecho dúctil. Ley, derechos, justicia*, p. 51.

[119] Destaca estas três notas, Vieira de Andrade, *Os Direitos Fundamentais na Constituição Portuguesa de 1976*, p. 36 e s. Sobre isto, também, Robert Alexy, "La institucionalización de los derechos humanos en el estado constitucional democrático", p. 36 e s.

dos bens jurídicos que ao direito penal cumpre tutelar; no da identificação jurisprudencial de *proibições constitucionais de incriminação* fundadas em direitos fundamentais; e no da identificação de *imposições constitucionais implícitas de criminalização*. Além de uma tal ligação se repercutir também na previsão constitucional de *imposições expressas de criminalização* e na exigência de controlo do legislador quanto à observância dos direitos fundamentais implicados na incriminação[120], sem excluir que os direitos fundamentais possam ser mesmo o referente de legitimação material do direito penal[121].

Bem pode dizer-se, com palavras de Anabela Miranda Rodrigues, que "a relação entre direitos fundamentais e direito penal é uma relação necessária e não surpreendente, mas paradoxal. Significa uma legitimação da repressão punitiva, já que é em nome da sua proteção que se exige a intervenção penal – no que vem sendo chamada a sua «função espada» e em que os direitos fundamentais traduzem a «boa consciência» da punição –, e, ao mesmo tempo uma limitação daquela repressão – ao que se alude agora como a «função escudo» do direito penal e em que os direitos fundamentais traduzem a «má consciência» da punição –, sob pena de uma sua exasperação ilegítima"[122].

1.1. A ligação específica dos direitos fundamentais ao direito penal destaca-se, desde logo, quando se defenda uma *relação de mútua referência entre a ordem axiológica jurídico-constitucional e a ordem legal dos bens jurídicos que ao direito penal cumpre tutelar*. A referência da ordem legal dos bens jurídicos que ao direito penal cumpre tutelar aos direitos fundamentais constitucionalmente protegidos é inevitável, em face da autonomia destes direitos perante a lei. Designadamente quando se considere, nos termos do artigo 18.º, n.º 2, da CRP, que as restrições aos direitos, liberdades e garantias (e aos direitos fundamentais de natureza análoga, por força do artigo 17.º da CRP) devem limitar-se ao necessário para salvaguardar outros *direitos* ou interesses constitucionalmente protegidos. Sem que isto deva significar, entenda-se, que a referência assinalada é apenas a *direitos fundamentais*. A estes direitos (e a deveres fundamentais),

[120] Cf. *infra* ponto 2. e parte V.

[121] Neste sentido, LASCURAÍN SÁNCHEZ, "Bem jurídico e objeto protegível", p. 740 e ss. Entre nós, NUNO BRANDÃO, *Crimes e Contra-Ordenações: da Cisão à Convergência Material*, pp. 571 e ss. e 615 e ss. Criticamente, FARIA COSTA, "Sobre o objeto de proteção do direito penal: o lugar do bem jurídico na doutrina de um direito penal não iliberal", p. 166 e s., e FIGUEIREDO DIAS, "O «direito penal do bem jurídico» como princípio jurídico-constitucional implícito", p. 265 e s.

[122] "Direito penal europeu pós-Lisboa – um direito penal funcionalista?", p. 331. Para a importância dos direitos fundamentais no direito penal europeu, p. 329 e ss.

mas também a *interesses* constitucionalmente protegidos (por exemplo, a defesa nacional, a segurança interna ou a proteção social)[123]. É questionável, por isso, o entendimento de que o direito penal é um direito de proteção de bens jurídicos integrados na *ordem dos direitos fundamentais,* em face do disposto naquela disposição constitucional[124].

É hoje irrecusável que a categoria jurídico-penal do bem jurídico, designadamente enquanto *padrão crítico* da intervenção penal, tem nos direitos fundamentais constitucionalmente protegidos uma referência obrigatória. Reportando-se à função de controlo atribuída ao conceito material de crime, Maria Fernanda Palma salienta até que tal função se exerce, "em primeiro lugar, através de uma exigência de compatibilidade, congruência ou concordância prática entre o fim de proteção das normas penais e os direitos e valores constitucionais, ou seja, a ordem axiológica constitucional, que se infere, nomeadamente, do regime dos direitos fundamentais – por exemplo, da sua ordenação formal, da sua força jurídica, da sua inclusão em reserva de lei da Assembleia da República e da possibilidade de suspensão em estado de sítio ou estado de emergência"[125].

Uma das vias para fazer entrar o direito penal do bem jurídico na discussão constitucional sobre os limites deste ramo do direito tem consistido em fazer uso de dois conceitos do direito constitucional e da ciência do direito constitucional em matéria de proteção de direitos fundamentais: a proibição do excesso (*Übermassverbot*) e a proibição de insuficiência (*Untermassverbot*), nos quadros do princípio da proporcionalidade. Aceitando-se que o direito penal é um direito de proteção de bens jurídicos, "as linhas compreensivas da *Constituição Penal* assumirão uma perspetiva material para abranger, em seu núcleo de problematização, os efeitos decorrentes do desenvolvimento

[123] Destaca a referência quer a "direitos fundamentais" quer a "interesses coletivos, que não são propriamente direitos", Prieto Sanchís, *Justicia constitucional y derechos fundamentales,* p. 272. É este o sentido que se infere das palavras de Figueiredo Dias, *Direito Penal. Parte Geral. Questões Fundamentais. A Doutrina Geral do Crime,* Cap. 6.º, § 26 e s., a propósito da distinção entre direito penal de justiça, direito penal "clássico" ou direito penal primário e direito penal administrativo, direito penal secundário ou direito penal extravagante, a partir da forma de relacionamento entre a ordem axiológica constitucional e a ordem legal dos bens jurídicos dignos de tutela penal. Para o autor, "os bens jurídicos protegidos pelo direito penal devem considerar-se concretizações dos valores constitucionais expressa ou implicitamente ligados aos direitos e deveres fundamentais e à *ordenação social, política e económica*" (itálico aditado).

[124] Assim, todavia, Nuno Brandão, *supra* nota 121, não obstante reconhecer que o direito penal estende "a sua força de tutela bem para além do domínio dos direitos fundamentais" (p. 583).

[125] Cf. "Conceito material de crime e reforma penal", p. 18. E, ainda, p. 21, e *Direito Penal. Conceito material de crime, princípios e fundamentos. Teoria da lei penal: interpretação, aplicação no tempo, no espaço e quanto às pessoas,* p. 94 e ss.

dogmático dos direitos fundamentais, enquanto proibições de intervenção e imperativos de tutela"[126].

A consolidação do princípio da proporcionalidade enquanto parâmetro de controlo de normas penais incriminadoras é expressão acabada da ligação irrecusável entre o direito penal e a proteção constitucional de direitos fundamentais. Em dois sentidos. No já assinalado de que o direito penal tutela bens jurídicos integrados na ordem constitucional dos direitos fundamentais, mas também no sentido de que a intervenção penal restringe sempre direitos fundamentais do condenado.

Há direitos fundamentais que são necessariamente restringidos com a aplicação de uma pena ou de uma medida de segurança, nomeadamente o direito à liberdade consagrado no artigo 27.º, n.º 1, da CRP, ou o direito de liberdade geral de atuação de que goza qualquer cidadão, de que a doutrina alemã se louva também para evidenciar a proteção constitucional do comportamento do agente da prática do crime. Extrai-o do artigo 2.º, § 1, da Lei Fundamental, nos termos do qual "todos têm o direito ao livre desenvolvimento da sua personalidade, desde que não violem os direitos de outros e não atentem contra a ordem constitucional ou a lei moral"[127].

A referência à ordem constitucional dos direitos fundamentais põe também a nu que há comportamentos que a lei define como crime que envolvem igualmente o exercício de um direito fundamental específico. Neste caso, a relação entre o direito penal e os direitos fundamentais estabelece-se em virtude da sanção que é aplicada e também em face da conduta que é tipificada, já que esta pode limitar ou circunscrever a esfera do exercício legítimo de direitos[128]. São mesmo identificáveis proibições constitucionais de criminalização nos casos em que a intervenção penal contenda com o núcleo essencial de um direito fundamental (por exemplo, do direito à liberdade de expressão)[129].

A restrição de direitos do agente da prática do crime sucede, por exemplo, com a criminalização da pedo pornografia virtual, por ser integrável

[126] Cf. Luciano Feldens, *Direitos Fundamentais e Direito Penal – A Constituição Penal*, pp. 60 e 171. Na mesma linha, Winfried Hassemer, "Puede haber delitos que no afectem a un bien jurídico penal?", p. 94.

[127] Entre outros, Detlev Sternberg-Lieben, "Bien jurídico, proporcionalidade y libertad del legislador penal", p. 103, e Tatjana Hörnle, "La protección de sentimentos en el STGB", p. 376.

[128] Assim, Prieto Sanchís, *Justicia constitucional y derechos fundamentales*, p. 295, e Otto Lagodny, "El Derecho penal sustantivo como piedra de toque de la dogmática constitucional", p. 124 e ss.

[129] Assim, Maria Fernanda Palma, "Consumo e tráfico de estupefacientes e Constituição: absorção do 'Direito Penal de Justiça' pelo 'Direito Penal Secundário'", p. 21. Cf. *infra* ponto 1.2.

no âmbito dos direitos fundamentais restringidos o direito à liberdade de criação artística do agente da prática do crime (artigos 42.º da CRP e 176.º, n.º 4, do CP)[130]; ou com a da interrupção voluntária da gravidez realizada, por opção da mulher, nas 10 primeira semanas de gravidez, por serem aqui convocáveis os direitos fundamentais à integridade física e moral, à dignidade pessoal e à autodeterminação da mulher grávida (artigos 140.º e 142.º do CP, na redação anterior a 2007)[131]. E com a criminalização do comportamento de quem profissionalmente facilita o exercício por outra pessoa de prostituição, por ser também equacionável a restrição do direito fundamental à liberdade de escolha de profissão e do direito à liberdade de iniciativa económica privada (artigos 47.º, n.º 1, e 61.º, n.º 1, da CRP e 169.º, n.º 1, do CP)[132]. Além de que poderão estar envolvidos também os direitos da própria vítima. É o que ocorrerá, quanto aos direitos de quem o legislador assume como vítima do crime, com a incriminação do lenocínio, quando se prescinda do elemento típico "exploração de situações de abandono ou de necessidade económica", e com a do recurso à prostituição de menores entre 14 e 18 anos. Num e noutro caso, ao comportamento de quem o legislador assume como vítima pode associar-se o exercício do seu direito à liberdade sexual (artigos 26.º, n.º 1, da CRP e 169.º, n.º 1, e 174.º do CP).

A relevância dos direitos fundamentais da vítima foi ponderada, de forma expressa, por exemplo, no Ac. do TC n.º 561/95, que apreciou a norma do artigo 202.º, n.º 1 do CP de 1982, na versão primitiva, "na parte em que incriminava a cópula praticada com mulher portadora de anomalia psíquica". O Tribunal concluiu que a norma não violava o artigo 18.º da CRP, "porquanto, se restringe um direito dos deficientes mentais, fá-lo de modo adequado e proporcionado à necessária defesa de outros direitos da mesma classe de cidadãos, numa ponderação de interesses e de valores que, podendo ser contestável no domínio das opções político-legislativas, se afigura, porém, não merecer qualquer censura do ponto de vista jurídico-constitucional"[133].

[130] É o que decorre, claramente, do caso *Aschcroft v. Free Speech Coalition*, decidido pelo Supremo Tribunal norte-americano em abril de 2002.

[131] Cf., por todos, o Ac. n.º 75/2010. No Brasil, em jurisprudência relativamente recente, cf. o HC 124.306.

[132] Esta questão foi equacionada, nomeadamente, no Ac. do TC n.º 144/2004.

[133] No mesmo sentido, ainda que sem a mesma relevância para a decisão da questão de constitucionalidade, também o Ac. n.º 247/2005, por referência às decisões do Tribunal Europeu dos Direitos do Homem nos Casos *S.L. v. Áustria* e *Sutherland v. the United Kingdom*.

1.2. A relação entre o direito penal e a proteção constitucional de direitos fundamentais destaca-se, também, por via da identificação jurisprudencial de *proibições constitucionais de incriminação* fundadas em direitos fundamentais.

Incluem-se aqui, entre outras, decisões já antigas do TC italiano que declarou a inconstitucionalidade de normas incriminadoras que impunham à liberdade de reunião limites incompatíveis com a disciplina constitucional, bem como de normas penais que incriminavam, pura e simplesmente, manifestações do pensamento que não eram ofensivas de qualquer bem constitucional[134]. Já mais recentemente, em 2007, também numa decisão do TC espanhol se entendeu contrária à liberdade de expressão a incriminação da negação do genocídio, considerando-se que só será conforme a tal liberdade o tipo legal de crime que suponha um incitamento, ainda que indireto, à comissão do genocídio[135]. E, ainda, uma decisão de 2012 do Conselho Constitucional francês que decidiu ser contrária à Constituição a lei que criminaliza a negação da existência dos genocídios reconhecidos pela própria lei, por pôr em causa o direito à liberdade de expressão e de comunicação[136]. No mesmo sentido, cabe referir também uma decisão do STF brasileiro de 2011, conhecida como a da marcha pela legalização do consumo da maconha, que julgou procedente a arguição de descumprimento de preceito fundamental, para dar ao artigo 287.º do CP brasileiro, com efeito vinculante, interpretação conforme à Constituição, "de forma a excluir qualquer interpretação que possa ensejar a criminalização da defesa da legalização das drogas, ou de qualquer substância entorpecente específica, inclusive através de manifestações e eventos públicos"[137].

É ainda neste grupo que se inclui a jurisprudência constitucional portuguesa sobre a incriminação de atos homossexuais com adolescentes, então

[134] Os exemplos são dados, no contexto de proibições constitucionais de incriminação, por Emilio Dolcini / Giorgio Marinucci, "Constituição e escolha dos bens jurídicos", p. 155 e ss.

[135] O exemplo, tendo em vista a violação de um direito fundamental, é dado por Lascuraín Sánchez, "El control constitucional de las leyes penales", p. 754. Sobre esta sentença (235/2007, de 7 de novembro), Gómez Martín, "Promoción de la igualdad o protección de la seguridade? A propósito de los delitos de odio y discriminación en el código penal español", p. 209 e ss, e Fossas Espadaler, "Límites materiales al legislador penal: su interpretación por el tribunal constitucional y el tribunal europeo de derechos humanos", p. 43 e s.

[136] Cf. Decisão n.º 2012-647 DC, de 28 de fevereiro de 2012.

[137] A decisão, relatada pelo Ministro Celso de Mello, é de 15 de junho de 2011 (ADPF 187/DF). Sobre esta jurisprudência, Raquel Scalcon, *Controle Constitucional de Leis Penais. Da prognose legislativa sobre os efeitos potenciais e concretos da lei penal aos deveres de seu monitoramento e de melhoria da lei penal*, p. 69 e s.

prevista no artigo 175.º do CP, na redação anterior a 2007, por daí também decorrer uma *proibição constitucional de criminalização* fundada no *direito fundamental à igualdade perante a lei* (artigo 13.º da CRP)[138]. Bem como a decisão do TC português que integra no âmbito dos parâmetros de controlo da conformidade constitucional das normas penais o princípio da legalidade criminal, enquanto dele decorre a proibição do recurso à analogia (artigos 29.º e 165.º, n.º 1, alínea *c*), da CRP)[139]. Da decisão infere-se que há uma proibição constitucional de incriminação por recurso à analogia, fundada no princípio jurídico-constitucional da legalidade criminal – no direito fundamental à legalidade penal –, cuja violação é jurisdicionalmente controlável. Sufraga-se o entendimento de não se tratar aqui "apenas de um qualquer princípio constitucional mas de uma «garantia dos cidadãos», uma garantia que a nossa Constituição – ao invés de outras que a tratam a respeito do exercício do poder jurisdicional – explicitamente incluiu no catálogo dos direitos, liberdades e garantias relevando, assim, toda a *carga axiológico-normativa* que lhe está subjacente»[140].

Mais recentemente, em declaração de voto aposta ao Ac. do TC n.º 225/2018 defende-se que há uma *imposição constitucional* de reconhecimento legal da gestação de substituição fundada no direito fundamental de procriar e de constituir família (artigo 36.º, n.º 1) e na liberdade geral de ação compreendida no direito ao livre desenvolvimento da personalidade (artigo 26.º, n.º 1), pelo que lhe corresponderá uma *proibição constitucional de incriminação* do comportamento de quem celebre um negócio jurídico de gestação de substituição, ainda que a título oneroso, com fundamento nesses direitos fundamentais[141].

[138] Sobre esta jurisprudência, cf. *supra* Parte I., ponto 3, e, em especial, nota 29.

[139] Cf. Acórdão n.º 183/2008, disponível em www.tribunalconstitucional.pt. Sobre a problemática aqui envolvida, do ponto de vista do controle de constitucionalidade, com referências bibliográficas, Maria João Antunes, "A problemática penal e o Tribunal Constitucional", p. 110 e ss.

[140] Na mesma linha, quanto ao direito espanhol, Villaverde Menéndez, "Principio de taxatividad. Una reflexión jurisprudencial", p. 86 e ss. No sentido de decorrer do artigo 29.º da Constituição uma proibição de criminalização, Faria Costa, "O princípio da igualdade, o direito penal e a constituição", p. 284. Sobre isto, do ponto de vista do controlo de constitucionalidade de normas incriminadoras obtidas por recurso á analogia, *infra* Parte V. ponto 1.

[141] Referimo-nos à declaração de voto do Conselheiro Gonçalo de Almeida Ribeiro, onde conclui, consequentemente, pela inconstitucionalidade das normas da Lei n.º 36/2006, de 26 de julho, que criminalizam o comportamento de quem celebre negócios de gestação de substituição a título oneroso. Sobre esta temática, cf. Ac. do TC n.º 101/2009. Na doutrina, no sentido da descriminalização desse comportamento, Figueiredo Dias, "O «direito penal do bem jurídico» como princípio jurídico-constitucional implícito", p. 263 e ss., e Maria João Antunes, "Procriação medicamente assistida – questões novas ou questões renovadas para o direito penal?", p. 91.

1.3. A relação que tem vindo a ser referida destaca-se, ainda, por ter trazido para a discussão jurídico-penal a problemática das *imposições constitucionais implícitas de criminalização*, decorrentes da acentuação da dimensão objetiva dos direitos fundamentais, a qual faz impender sobre o Estado também um dever de proteção dos mesmos[142].

A tradicional faceta negativa do princípio do direito penal do bem jurídico, congruente com a configuração dos direitos fundamentais como direitos subjetivos de defesa, perde a exclusividade em favor de uma faceta também positiva do princípio, por via da "descoberta" daquela dimensão objetiva dos direitos fundamentais, revelada jurisprudencialmente no denominado caso *Lüth*. "Deste modo, muitas das normas de direito penal (...) passaram a ser vistas com outros olhos, da perspetiva do cumprimento de um dever de proteção, no contexto de um processo de efetivação das normas constitucionais relativas aos direitos fundamentais (...). Discute-se, pois, nesta perspetiva, se, em que casos e até que ponto a consagração dos direitos fundamentais impõe ao legislador um dever de criminalização de certas condutas"[143]. O princípio do direito penal do bem jurídico não servirá, pois, apenas para afastar a criminalização de comportamentos que não ofendam ou não ponham em perigo bens jurídicos. Servirá também para "pressionar normativamente o legislador", impondo-lhe a criminalização de determinados comportamentos e proibindo-lhe a descriminalização de outros, para proteção de tais bens[144].

O passo significativo que o TC alemão deu, em 15 de janeiro de 1958 no caso *Lüth*, na direção da dimensão objetiva dos direitos fundamentais[145], não deixou de se repercutir, anos depois, em matéria penal, por via da identificação de um dever estadual de proteção desses direitos, quando este Tribunal

[142] Sobre esta outra dimensão dos direitos fundamentais, entre nós, Vieira de Andrade, *Os Direitos Fundamentais na Constituição Portuguesa de 1976*, pp. 105 e ss. e 134 e ss., e Reis Novais, *As restrições aos direitos fundamentais não expressamente autorizadas pela Constituição*, p. 59 e ss. e 86 e ss.

[143] Cf. Vieira de Andrade, *Os Direitos Fundamentais na Constituição Portuguesa de 1976*, p. 135. Cf., ainda, Reis Novais, *As restrições aos direitos fundamentais não expressamente autorizadas pela Constituição*, p. 90 e s.

Especificamente sobre o caso *Lüth*, Luciano Feldens, *Direitos Fundamentais e Direito Penal – A Constituição Penal*, p. 48 e ss., e Nuno Brandão, *Crimes e Contra-Ordenações: da Cisão à Convergência Material*, p. 586 e s.

[144] Assim, Winfried Hassemer, "Puede haber delitos que no afectem a un bien jurídico penal?", p. 94 e ss., Klaus Tiedemann, "Constitucion y derecho penal", p. 165., e Ingo Sarlet, "Constituição e proporcionalidade: o direito penal e os direitos fundamentais entre proibição de excesso e insuficiência", p. 98 e ss. Sobre isto, entre nós, Nuno Brandão, *Crimes e Contra-Ordenações: da Cisão à Convergência Material*, p. 579 e ss.

[145] Cf. *BVerfGE* 7, 198.

deu relevância constitucional à opção legislativa de descriminalizar a interrupção voluntária da gravidez se realizada até à 12.ª semana de gestação. Por ter entendido que o legislador está obrigado constitucionalmente a integrar lacunas de proteção de bens jurídicos por via da criação de novos tipos legais de crime e a não criar tais lacunas pela via da descriminalização, ficando reduzida a zero a sua margem de decisão se, em obediência ao princípio da proporcionalidade, se concluir que nenhum outro instrumento senão o penal proporciona tal proteção[146]. Independentemente da questão polémica de saber se há um dever estadual de proteção do bem jurídico da vida intrauterina que obrigue à criminalização do comportamento de quem contra ele atente nas primeiras 12 semanas de gestação, sob pena de violação da proibição de insuficiência[147], o que esta decisão de 25 de fevereiro de 1975 não deixa de admitir é a existência de imposições constitucionais *implícitas* de criminalização fundadas na ordem constitucional dos direitos fundamentais, segundo uma configuração também objetiva dos mesmos que suporta um dever estadual de proteção que dá corpo a uma *proibição de insuficiência* a par da *proibição de excesso.* O que nos confronta com uma intervenção estadual para proteção de direitos fundamentais de uns, à custa da restrição de direitos fundamentais de outros. "Pelo que o dever de proteção da liberdade de uns facilmente se transmuta em fundamento da restrição de outros; daí o défice de justificação de uma condescendência de partida para uma atividade estatal, em princípio «amiga» dos direitos fundamentais, mas potencialmente mutável em intervenção legislativa restritiva"[148].

No Ac. n.º 75/2010 do TC português, na senda de jurisprudência anterior em matéria de interrupção voluntária da gravidez, lê-se a propósito da regulação do ato específico desta interrupção, onde predominam instrumentos de direito penal, que "na fixação dessa disciplina, goza o legislador ordinário de uma ampla margem de discricionariedade legislativa, balizada por dois

[146] Cf. *BVerfGE* 39, 1.

[147] Criticamente, até por referência a jurisprudência constitucional anterior, Klaus Tiedemann, "Constitucion y derecho penal", p. 165 e s., e Otto Bachof, "Estado de direito e poder político: os tribunais constitucionais entre o direito e a política", p. 19. Na doutrina italiana, criticamente, recusando a existência de obrigações constitucionais implícitas de incriminação, com referência à jurisprudência constitucional italiana, Emilio Dolcini / Giorgio Marinucci, "Constituição e escolha dos bens jurídicos", p. 178 e ss. Entre nós, dando nota de outras posições críticas da decisão, Conceição Cunha, *«Constituição e crime». Uma perspetiva da criminalização e da descriminalização,* p. 387 e ss.

[148] Cf. Reis Novais, *As restrições aos direitos fundamentais não expressamente autorizadas pela Constituição,* p. 90 e s., por referência à crítica dos juízes vencidos (nota 136).

limites ou proibições, de sinal contrário. Ele deve, por um lado, não desrespeitar a *proibição do excesso*, por afetação, *para além* do admissível, da posição jurídico-constitucional da mulher grávida, nas suas componentes jusfundamentais do direito à vida e à integridade física e moral, dignidade pessoal e autodeterminação. Mas também deve, no polo oposto, não descurar o valor objetivo da vida humana, que confere ao nascituro (à sua potencialidade de, pelo nascimento, aceder a uma existência autonomamente vivente) dignidade constitucional, como bem merecedor de tutela jurídica. O cumprimento desse dever está sujeito a uma medida *mínima*, sendo violada a *proibição de insuficiência* ("*Untermassverbot*) quando as normas de proteção ficarem *aquém* do constitucionalmente admissível"[149] [150]. Ao remeter para uma *ampla margem de discricionariedade legislativa*, apelando a *critérios de evidência* e entendendo que a pronúncia de inconstitucionalidade se justifica apenas em caso de *manifesto erro* de avaliação do legislador, o TC português rejeita que do mandado constitucional de tutela do bem jurídico da vida intrauterina resulte uma imposição de criminalização implícita. Sequer uma imposição de criminalização meramente *relativa* ao jeito do TC alemão, no sentido de que o que está em causa não é *um dever absoluto de sancionar penalmente*, mas apenas a *inadequação de todos os outros meios* e, por isso, uma obrigação, *relativa*, de recurso à ameaça penal[151].

Por seu turno, Figueiredo Dias conclui que onde inexistam "injunções constitucionais expressas de criminalização, da existência de um valor jurídico-constitucionalmente reconhecido como integrante de um direito ou de um dever fundamentais não é legítimo deduzir *sem mais* a exigência de criminalização dos comportamentos que o violam. Precisamente porque não pode ser ultrapassado o inevitável entreposto constituído pelo critério da **necessidade** ou da **carência de pena**. Critério que, em princípio, caberá ao

[149] Cf. Acs. n.ºs 25/84, 85/85, 288/98 e 617/2006, bem como as declarações de votos a eles apostas, por serem bem demonstrativos da discussão havida em torno da questão. Sobre esta jurisprudência, Maria João Antunes, "A problemática penal e o Tribunal Constitucional", p. 104 e s., Nuno Brandão, *Crimes e Contra-Ordenações: da Cisão à Convergência Material*, p. 593 e ss., e Figueiredo Dias, "O «direito penal do bem jurídico» como princípio jurídico-constitucional implícito", p. 252 e ss.

[150] Na jurisprudência constitucional espanhola, a Sentença 53/1985, de 11 de abril, vai no sentido de uma dimensão também objetiva do direito à vida intrauterina. Sobre esta decisão, Vives Anton, "Valoraciones etico-sociales y jurisprudencia constitucional: el problema del aborto consentido", p. 130 e ss.

[151] *BVerfGE* 39, 1, p. 47.

legislador ordinário utilizar e que só em casos gritantes poderá ser jurídico--constitucionalmente sindicado"[152].

Resta é saber se um tal entendimento decorre tão só de uma certa forma de harmonização de princípios (o princípio da maioria e o princípio da constitucionalidade) e de competências (as competências do legislador democrático e as da jurisdição constitucional) em função do bem jurídico em causa. Perante o bem jurídico vida, por exemplo, em face da sua referência constitucional ao direito à vida e da inserção deste direito na ordem constitucional dos outros direitos fundamentais e dos princípios jurídicos fundamentais, não haverá como não reconhecer quanto a ele uma imposição constitucional *implícita* de criminalização de natureza *absoluta* (uma imposição constitucional *implícita* de não descriminalização), no sentido de relativamente ao dever estadual de proteção de tal direito fundamental não sobrar, no caso, qualquer margem para a consideração de qualquer outro meio de tutela. O que nos levaria então a identificar aquilo que pertence *nuclearmente* ao direito penal, a partir da ordem constitucional de valores, nomeadamente da ordem constitucional dos direitos fundamentais. E a cogitar, em torno do núcleo do direito penal (*Kernbereich des Strafrechts*), a existência de "uma *reserva constitucional de Direito Penal*"[153].

O Ac. do TC português n.º 59/95 aponta no sentido da existência de mandados implícitos de tutela penal, quando nele se lê que, na hipótese de não se considerar crime infração com a gravidade do homicídio, tal acarretaria a violação do "direito à vida (artigo 24.º da Constituição) que vincula o legislador a sancionar penalmente as formas incompatíveis da sua ofensa (artigo

[152] Cf. *Direito Penal. Parte Geral. Questões Fundamentais. A Doutrina Geral do Crime,* Cap. 6.º, § 39, e, no mesmo sentido, COSTA ANDRADE, "O novo Código Penal e a moderna Criminologia", p. 227 e s., nota 34, e "Constituição e Direito Penal", p. 202 e ss.
Entre nós, sobre a temática das imposições constitucionais implícitas de criminalização, CONCEIÇÃO CUNHA, *«Constituição e crime». Uma perspetiva da criminalização e da descriminalização,* p. 289 e ss., MARIA FERNANDA PALMA, "Constituição e *direito penal.* As questões inevitáveis", p. 27, e *Direito Constitucional Penal,* p. 52 e ss., NUNO BRANDÃO, *Crimes e Contra-Ordenações: da Cisão à Convergência Material,* p. 636 e ss., PEREIRA DA SILVA, *Dever de legislar e proteção jurisdicional contra omissões legislativas,* p. 44 e ss., e TAIPA DE CARVALHO, *Direito Penal. Parte Geral. Questões Fundamentais. Teoria Geral do Crime,* § 72, no sentido específico de a recusa de injunções constitucionais implícitas de criminalização ter o sentido de não ser suficiente a dignidade penal do bem jurídico.

[153] Assim, com referências jurisprudenciais e doutrinais, LUCIANO FELDENS, *Direitos Fundamentais e Direito Penal – A Constituição Penal,* pp. 62 e ss. e 92 e ss., defendendo, expressamente, que há *mandados implícitos de tutela penal.* No mesmo sentido, ALBERTO JORGE LIMA, *Direito penal constitucional. A imposição dos princípios constitucionais penais,* p. 143 e ss. Entre nós, cf. RUI PEREIRA, *O crime de aborto e a reforma penal,* p. 75 e ss.

18.º, n.º 1). Por esta via está o legislador penal obrigado a defender as valorações ético-jurídicas fundamentais da Constituição". Não obstante se ter reproduzido no Ac. n.º 25/84 o entendimento de Costa Andrade de que "no atual estado do pensamento político-criminal e jurídico-constitucional não será líquida a existência de imperativos absolutos de criminalização de raiz constitucional. Não se prova, com efeito, que a tutela constitucional de determinados valores vincule necessariamente à sua tutela penal. Mas já não será arriscado sustentar que a *objektive Wertordnung* (Sax) constitucional implica imperativos relativos de criminalização. Parece, por exemplo, inquestionável a inconstitucionalidade de leis que, descriminalizando infrações lesivas de valores pessoais, mantivessem ou reforçassem a criminalização de lesão dos valores patrimoniais. O mesmo se diga das leis que, pelo recorte da ilicitude ou pelo teor das sanções subvertesse claramente a hierarquia querida pela Constituição entre aquelas ordens de valores". Tomando de empréstimo as palavras de Maria Fernanda Palma, da Constituição não decorre propriamente "um catálogo de incriminações obrigatórias", mas dela resultará uma "«possível obrigatoriedade»"[154].

Entendendo que "para lá da norma consubstanciada no n.º 3 do artigo 117.º da Lei Fundamental não há expressas imposições constitucionais de criminalização ou penalização" no ordenamento jurídico português, Faria Costa não deixa de autonomiza a figura do "impulso de criminalização", reconhecendo a existência de "vinculações implícitas ou mesmo «ocultas»". Segundo o autor, no artigo 37.º, n.º 3, da CRP o legislador constitucional impôs vinculativamente ao legislador ordinário um universo normativo, *vinculando-o implicitamente* a não descriminalizar totalmente as infrações resultantes do exercício ilícito dos direitos de liberdade de expressão e de informação[155]. Trata-se até de uma questão político-criminal muito atual em relação a determinados comportamentos, atento o "movimento" de descriminalização de crimes contra a honra, de que constitui exemplo o Decreto legislativo italiano n.º 7, de 15 de janeiro de 2016, que descriminalizou o crime de injúria, então previsto no artigo 594.º do CP italiano, e sancionou o comportamento como ilícito civil. Esta opção não deixa de colocar a questão de saber se é ainda enquadrável numa ideia de tutela *subsidiária* do bem jurídico-penal da honra, a partir da qual se conclui pela *desnecessidade* da punição, ou se tem antes a ver com

[154] Cf. *Direito Constitucional Penal*, p. 56.

[155] Cf. *Direito Penal*, p. 133 e s.

a afirmação de uma *proibição constitucional de criminalização* fundada no direito fundamental da liberdade de expressão[156].

Na jurisprudência constitucional brasileira tem merecido destaque o voto-vista do Ministro Gilmar Mendes no recurso extraordinário em que se decidiu ser inviável a extinção da punibilidade em razão de convívio posterior do autor do crime de estupro com a vítima menor, por aplicação do então previsto no artigo 107.º, inciso VII, do CP, para os casos em que houvesse casamento. "Convívio que não pode ser caraterizado como união estável, nem mesmo para os fins do art. 226, § 3.º, da Constituição Republicana, que não protege a relação marital de uma criança com o seu opressor". Lê-se naquele voto, em abono da decisão, que "a proibição da proteção insuficiente adquire importância na aplicação dos direitos fundamentais de proteção, que se consubstancia naqueles casos em que o Estado não pode abrir mão da proteção do direito penal para garantir a proteção de um direito fundamental (...). Conferir à situação dos presentes autos o *status* de união estável, equiparável a casamento, para fins de extinção da punibilidade (nos termos do art. 107, VII, do Código Penal), não seria consentâneo com o princípio da proporcionalidade no que toca à proibição de proteção insuficiente"[157].

2. Imposições constitucionais expressas de criminalização

Na passagem da Constituição de *limite* a também a *fundamento* do direito penal assumem especial relevância as imposições *expressas* de criminalização, sendo que algumas podem e devem ser vistas como cumprimento do dever estadual de proteção de direitos fundamentais. Por exemplo, a determinação da CRFB no sentido da criminalização da prática do racismo veicula um propósito nítido de proteção do direito fundamental a não ser discriminado em função da raça[158]. A relação entre *imposições constitucionais expressas*

[156] Cf. *supra* ponto 1.2. Admite uma tendência de descriminalização, em face do valor para o Estado de direito democrático da liberdade de expressão de pensamento, Maria Fernanda Palma, "O argumento criminológico e o princípio da necessidade da pena no juízo de constitucionalidade", p. 110.

[157] Cf. RE 418.376, de 9 de fevereiro de 2006. Sobre esta decisão marcante e sobre uma outra posterior (ADI 3112/DF, de 2 de maio de 2007), Luciano Feldens, *Direitos Fundamentais e Direito Penal – A Constituição Penal*, p. 169. Sobre o tema da proibição da proteção insuficiente, merece também referência o voto do mesmo Ministro no RE 635.659/RG, já anteriormente mencionado.

[158] Assim, Luciano Feldens, *Direitos Fundamentais e Direito Penal – A Constituição Penal*, p. 76. No mesmo sentido, cf. voto do Ministro Gilmar Mendes no RE 635.659/RG.

de criminalização e o princípio da proporcionalidade enquanto proibição de proteção insuficiente de direitos fundamentais não deixa de ser enfatizada na jurisprudência do STF brasileiro[159]. Ainda recentemente o foi na *ação direta de inconstitucionalidade por omissão* relativa à criminalização de condutas homofóbicas e transfóbicas, mediante a qual se decidiu "reconhecer o estado de mora inconstitucional do Congresso Nacional na implementação da prestação legislativa destinada a cumprir o mandado de incriminação a que se referem os incisos XLI e XLII do art. 5.º da Constituição, para efeito de proteção penal aos integrantes do grupo LGBT" e "declarar, em consequência, a existência de omissão normativa inconstitucional do Poder Legislativo da União"[160].

Além das já referidas quanto a Portugal e ao Brasil[161], há outros exemplos de imposições constitucionais expressas de criminalização. Na Constituição italiana "é punida toda a violência física e moral sobre pessoas submetidas a qualquer forma de restrição da liberdade" (artigo 13.º, n.º 4). Na Lei Fundamental alemã, "os atos suscetíveis de perturbar a coexistência pacífica entre os povos e praticados com essa intenção, em especial os que tenham por objetivo preparar uma guerra de agressão, são inconstitucionais. Estes atos estão sujeitos às penas previstas na lei" (artigo 26.º, n.º 1). Na Constituição espanhola, "os poderes públicos exercerão vigilância sobre a utilização racional de todos os recursos naturais, a fim de proteger e melhorar a qualidade de vida e tutelar e reintegrar o ambiente", sendo que para quem violar o aqui disposto "estabelecer-se-ão, nos termos que a lei fixar, sanções penais ou, se for o caso, sanções administrativas" (artigo 45.º, n.ºs 2 e 3); a lei penal sancionará os atentados contra o património histórico, cultural e artístico (artigo 46.º); e fará incorrer em responsabilidade penal a utilização injustificada ou abusiva da faculdade de suspender alguns direitos de determinadas pessoas no âmbito de investigações relativas à atuação de grupos armados ou de elementos terroristas (artigo 55.º, n.º 2).

Esta *antecipação de valorações político-criminais*, que estão normalmente a cargo do legislador ordinário, remete-nos de imediato para a experiência histórica dos diversos países que preveem tais imposições e para os projetos e objetivos concretos que abraçavam no momento da outorga de uma nova

159 Cf. HC 104.410 e ADI 3.112/DF (voto do Ministro Gilmar Mendes).

160 Cf. ADO 26/DF.

161 Cf. *supra* Parte I.

Constituição[162] [163]. E abre, inevitavelmente, a questão de saber qual é, afinal, o sentido de tais imposições de criminalização. Qual o seu sentido, na relação entre o direito penal e a Constituição, nomeadamente por tais imposições expressas poderem inculcar a ideia de que existe uma ordem constitucional de valores; na relação entre o legislador constituinte e o legislador ordinário, na medida em que o primeiro parece estar a invadir a tradicional margem de conformação do segundo, substituindo-se-lhe quer no juízo sobre o objeto de tutela quer no atinente à necessidade de intervenção penal; e na relação entre o legislador ordinário e a jurisdição que tem a cargo a administração da justiça em matérias de natureza jurídico-constitucional, por tais imposições poderem dar azo a um controlo de inconstitucionalidade por ação mais forte, nomeadamente em caso de descriminalização, e exigirem, naturalmente, mecanismos de controlo, em regra fracos, da inconstitucionalidade por omissão[164].

[162] Assim, Emilio Dolcini / Giorgio Marinucci, "Constituição e escolha dos bens jurídicos", pp. 173 e ss. e 180 e s. Cf., ainda, Conceição Cunha, *«Constituição e crime». Uma perspetiva da criminalização e da descriminalização*, p. 312 e ss. Sobre as normas constitucionais brasileiras, especificamente sobre a razão de ser das mesmas, Silva Franco / Rafael Lira / Yuri Felix, *Crimes hediondos*, p. 133 e ss., e Luciano Feldens, *Direitos Fundamentais e Direito Penal – A Constituição Penal*, p. 73 e ss.

[163] Sobre a temática das imposições constitucionais expressas, Conceição Cunha, *«Constituição e crime». Uma perspetiva da criminalização e da descriminalização*, p. 309 e ss., Emilio Dolcini / Giorgio Marinucci, "Constituição e escolha dos bens jurídicos", p. 175 e ss., e Raquel Scalcon, *Controle Constitucional de Leis Penais. Da prognose legislativa sobre os efeitos potenciais e concretos da lei penal aos deveres de seu monitoramento e de melhoria da lei penal*, p. 72 e ss.

E, ainda, enfatizando que, apesar de tudo, subsiste um espaço de conformação do legislador, não havendo um "*engessamento* do legislador infraconstitucional no estabelecimento (elaboração e conformação) da proteção penal constitucionalmente determinada", Regis Prado, *Bem Jurídico-Penal e Constituição*, p. 143 e ss., Janaina Paschoal, *Constituição, criminalização e direito penal mínimo*, p. 79 e ss., Mariângela Magalhães Gomes, *O princípio da proporcionalidade no direito penal*, p. 113 e ss., e Luciano Feldens, *Direitos Fundamentais e Direito Penal – A Constituição Penal*, p. 82 e ss. Note-se, porém, que estas posições doutrinais não são totalmente coincidentes.

[164] Sobre este último aspeto, Pereira da Silva, *Dever de legislar e proteção jurisdicional contra omissões legislativas*, p. 95 e ss.

V.
DA CONSTITUIÇÃO COMO *LIMITE* À CONSTITUIÇÃO COMO *FUNDAMENTO* (TAMBÉM COMO FUNDAMENTO) DO DIREITO PENAL. A GARANTIA JURISDICIONAL DA CONSTITUIÇÃO

De um outro ângulo de abordagem, a relevância constitucional da matéria penal resulta também do controlo de constitucionalidade a cargo de uma jurisdição específica. Quanto maior for a possibilidade (a intensidade) de controlo jurisdicional maior será a possibilidade de inferir da Constituição disposições substantivas em matéria de legislação penal[165]. A abordagem da Constituição enquanto limite e fundamento da intervenção penal tem, por isso, de se estender ao controlo jurisdicional de constitucionalidade, a um controlo que será mais forte ou mais fraco consoante se identifiquem proibições constitucionais de criminalização, imperativos constitucionais de criminalização ou outros parâmetros de fiscalização além destas proibições ou destes imperativos onde seja mais evidente a margem de conformação do legislador[166]. É neste âmbito que é testado se a Constituição se impõe de facto como limite e fundamento ao legislador penal e, em definitivo, se há congruência doutrinal e jurisprudencial quanto aos limites e fundamentos do direito penal, se é identificável ou não uma *relação de mútua referência* entre o que é defendido pela doutrina e o que é decidido pela jurisdição constitucional[167].

[165] Neste sentido, Detlev Sternberg-Lieben, "Bien jurídico, proporcionalidade y libertad del legislador penal", p. 116.

[166] Sobre isto, Raquel Scalcon, *Controle Constitucional de Leis Penais. Da prognose legislativa sobre os efeitos potenciais e concretos da lei penal aos deveres de seu monitoramento e de melhoria da lei penal*, pp. 65 e ss. e 184 e ss.

[167] Usa-se aqui um termo amplo que pode abranger realidades distintas: a dos tribunais superiores (Tribunais Superiores ou Tribunais Supremos), a dos Tribunais Constitucionais e a dos Conselhos Constitucionais. Sobre isto, Maria Lúcia Amaral, "O modelo europeu de justiça constitucional. Origens e fundamentos", p. 1028 e s.

São marcos significativos das relações entre o direito penal e a Constituição, mostrando a relevância constitucional da matéria, algumas sentenças do TC alemão logo do final dos anos sessenta e do início dos anos setenta do século XX, nomeadamente as que incidiram sobre a distinção entre direito penal e direito contraordenacional e sobre a pena de prisão perpétua, além da já mencionada quanto ao modelo das indicações na interrupção voluntária da gravidez[168].

Quanto ao TC italiano, conclui Massimo Donini, que são muitíssimas as sentenças em que o Tribunal decide, com fundamento em princípios vinculantes para o Parlamento, todos eles decorrentes de artigos da Constituição italiana: dos artigos 13.º e 25.º, n.º 1 – princípios da *extrema ratio*, legalidade, reserva absoluta de lei, determinação e taxatividade, tipicidade, materialidade, proibição de retroatividade e proibição de analogia; dos artigos 3.º e 25.º, n.º 1 – princípio da proporcionalidade entre os bens tutelados e as sanções e princípios da racionalidade e da ofensividade; dos artigos 1.º e 25.º, n.º 1 – princípio da natureza pessoal da responsabilidade penal e princípio da culpa; dos artigos 2.º e 27.º, n.º 3 – princípio da função educativa da pena como limite na dignidade humana; e dos artigos 3.º, 19.º e 21.º – princípio da laicidade[169].

Relativamente a França, país avesso ao controlo judicial das leis, até aí são identificáveis decisões do Conselho Constitucional em matéria penal[170]. Por exemplo, além da já referida quanto à criminalização da negação da existência dos genocídios reconhecidos pela própria lei, proferida em 2012[171], em 21 de fevereiro de 2008, o Conselho pronunciou-se sobre a conformidade consti-

[168] Cf., respetivamente, *BVerfGE* 27, 18, de 1969, *BVerfGE* 45, 187, de 1977 e *BVerfGE* 39, 1, de 1975. Na conclusão do texto, KLAUS TIEDEMANN, "Constitucion y derecho penal", pp. 152 e s., 155 e s. e 165 e ss.

[169] Cf. "Principios constitucionales y sistema penal. Modelo y programa", p. 94 e s. e "Un Derecho Penal fundado en la carta constitucional: razones y limites. La experiencia italiana", p. 29. E, ainda, FRANCESCO PALAZZO, "Direito penal e Constituição na experiência italiana", p. 39 e ss.

[170] Sobre as especificidades do caso francês, tendo em vista a autonomização dos direitos em face da lei, GUSTAVO ZAGREBELSKY, *El derecho dúctil. Ley, derechos, justicia*, pp. 52 e ss. e 61. E, ainda, FERNÁNDEZ SEGADO "«Fétichisme de la loi, séparation des pouvoirs et gouvernement des juges». Tres ideias-fuerza para el rechazo del control jurisdicional de la constitucionalidade de las leys en Francia (1789-1958)", p. 45 e ss., e RUI MEDEIROS, *A Constituição Portuguesa num contexto global*, p. 95 e s. Note-se, com relevância inevitável nas relações entre o direito penal e a Constituição, que a partir de 1 de março de 2010, por via da reforma constitucional de 23 de julho de 2008, passou a ser posta ao Conselho Constitucional a *question prioritaire de constitutionnalité*. Sobre isto, BENEDITA URBANO, *Curso de Justiça Constitucional. Evolução histórica e modelos do controlo da constitucionalidade*, p. 47 e ss.

[171] Cf. *supra* Parte IV, ponto 1.2.

tucional da *Lei sobre a prisão de segurança e a declaração de irresponsabilidade penal por perturbação mental*, que deu origem à Lei n.º 2008-174, de 25 de fevereiro (*Loi relative à la rétention de sûreté et a la déclaration d'irresponsabilité pénal por cause de trouble mental*). E o Conselho decidiu que eram contrárias à Constituição, nomeadamente, as normas que permitiam a aplicação da prisão de segurança aos que foram condenados antes da publicação da lei e aos que viessem a ser condenados já depois, relativamente a factos praticados anteriormente; bem como as que previam a inscrição no registo criminal da declaração de irresponsabilidade penal por perturbação mental, ainda que não fosse aplicada medida de segurança[172].

Por seu turno, no que toca ao TC português é inquestionável que as normas em matéria penal têm integrado significativamente o objeto dos recursos de constitucionalidade quer em processos de fiscalização concreta quer em processos de fiscalização abstrata, tanto sucessiva quanto preventiva[173]. Com julgamentos, declarações e pronúncias por referência quer a parâmetros de controlo de onde decorrem limites para o direito penal – por referência, por exemplo, ao princípio da culpa – quer a parâmetros que traçam as fronteiras da intervenção penal constitucionalmente legítima – por referência, por exemplo, ao princípio da necessidade da intervenção penal.

1. A lei penal na passagem do Estado legislativo de direito para o Estado constitucional contemporâneo

Alguns anos volvidos sobre o século passado parece ter razão quem vaticinou logo nos anos 60 que o século XX viria a ser recordado como sendo o século

[172] Cf. Decisão n.º 2008-562 DC.

[173] Entre outros, em sede de fiscalização concreta, cf. Acs. n.ºs 43/86 e 605/2007 (princípio da culpa), 426/91 (tráfico de estupefacientes), 634/93 (deserção na marinha mercante), 83/95 e 337/2002 (condução sem habilitação legal), 302/95 e 395/2003 (responsabilidade penal das pessoas coletivas), 427/95 e 428/2010 (normas penais em branco), 275/98 (desobediência a intimação administrativa de demolir), 62/99 (omissão de assistência material à família), 70/2002 e 56/2016 (penas fixas), 99/2002 (exploração de jogo ilícito), 144/2004 (lenocínio), 95/2011 (condução de veículo em estado de embriaguez), 577/2011 (aproveitamento de obra contrafeita ou usurpada), 128/2012 (injúria) e 105/2013 (importunação sexual); em fiscalização abstrata sucessiva, cf. Acs. n.ºs 85/85 e 75/2010 (interrupção voluntária da gravidez), 748/93 (incapacidade eleitoral ativa de condenados em pena de prisão), 527/95 (deserção na marinha mercante), 124/2004 (penas fixas) e 101/2009 (maternidade de substituição); e, em fiscalização preventiva, cf. Acs. n.ºs 25/84 (interrupção voluntária da gravidez), 179/2012 (enriquecimento ilícito) e 377/2015 (enriquecimento injustificado); e, ainda, em fiscalização preventiva da constitucionalidade e da legalidade de duas propostas de referendo, Acs. n.ºs 288/98 e 617/2006 (interrupção voluntária da gravidez).

dos Tribunais Constitucionais[174] [175]. Neste período teve lugar o debate, sempre lembrado e objeto de reflexão renovada, entre Carl Schmitt e Hans Kelsen sobre o "guarda" da Constituição e neste mesmo período triunfou a ideia kelseniana de que a Constituição deve ser "guardada" pelos tribunais – triunfou o entendimento de que deve ser jurisdicionalmente garantida. Em oposição à ideia schmittiana de distinção entre Constituição e lei constitucional e, consequentemente, ao entendimento de que os tribunais não podem "guardar" a Constituição. O Estado constitucional que garante a Constituição que positiva direitos fundamentais foi-se afirmando, no continente europeu, na convicção, que é a de Robert Alexy, de que "a incorporação de direitos fundamentais na Constituição não basta" e de que quem controla melhor a observância destes direitos por parte do legislador é um tribunal constitucional e não o processo democrático. "Para que a vinculação do legislador aos direitos fundamentais seja efetivamente controlada, é indispensável uma jurisdição constitucional"[176].

Independentemente do que significa a segunda metade do século XX para o direito constitucional e, especificamente, para a justiça constitucional, nomeadamente quanto a saber se devemos falar em *constitucionalismo refundado*, em *neoconstitucionalismo*, em *constitucionalismo contemporâneo* ou antes em *neoconstitucionalismos*[177], a verdade é que a *lei penal* é uma das

[174] Cf. Mauro Cappelletti, *Il Controlo Giudiziario di costitutzionalità*, *apud* Maria Lúcia Amaral, "O modelo europeu de justiça constitucional. Origens e fundamentos", p. 1027. E p. 1031 e ss., desenvolvidamente, com indicações bibliográficas, sobre o que de seguida é dito em texto. Sobre o tema, também Reis Novais, *Direitos fundamentais e justiça constitucional em estado de direito democrático*, p. 189 e ss., e Alves Correia, *Justiça Constitucional*, p. 109 e ss.

[175] Sobre "os grandes modelos ou sistemas típicos" de garantia da constitucionalidade – modelos de fiscalização *política*, *judicial* e *jurisdicional concentrada* –, com uma referência específica ao modelo brasileiro, Jorge Miranda, *Manual de Direito Constitucional. Inconstitucionalidade e Garantia da Constituição*, p. 105 e ss.

[176] Cf. "La institucionalización de los derechos humanos en el estado constitucional democrático", p. 37 e ss., onde o autor contrapõe ao *Estado democrático de direito* o *Estado constitucional de direito*, e "Direitos Constitucionais e Fiscalização da Constitucionalidade", p. 520 e ss.

[177] Sobre o que está implícito no texto, com referências bibliográficas fundamentais, Gustavo Zagrebelsky, *El derecho dúctil. Ley, derechos, justicia*, pp. 109 e ss. e 131 e ss., Robert Alexy, "Direitos Constitucionais e Fiscalização da Constitucionalidade", p. 512 e ss., Luigi Ferrajoli, "Constitucionalismo principialista y constitucionalismo garantista", p. 16 e ss., Lenio Streck, *Verdade e Consenso Constituição, Hermenêutica e Teorias Discursivas*, p. 45 e ss., Humberto Ávila, "«Neoconstitucionalismo»: entre o «direito da ciência» e a «ciência do direito»", p. 1 e ss., e Prieto Sanchís, "Ferrajoli y el neoconstitucionalismo principialista. Ensayo de interpretación de algunas divergencias", p. 230 e ss. Entre nós, Reis Novais, *Direitos fundamentais e justiça constitucional em estado de direito democrático*, p. 197 e ss.

protagonistas da passagem do Estado legislativo de direito para o Estado constitucional contemporâneo. Como qualquer outra lei, dir-se-á. Mas o que é facto é que há uma linguagem nova (e não se trata apenas de uma linguagem nova), com reflexos específicos no direito penal, nomeadamente, por via do controlo entregue a tribunais constitucionais. A linguagem da força normativa da Constituição[178], da constitucionalização dos direitos fundamentais, da garantia jurisdicional da Constituição, dos princípios em vez das regras ou de mais princípios do que de regras, da ponderação em vez de subsunção ou de mais ponderação do que de subsunção, bem como a do poder judicial no lugar do poder legislativo ou de mais poder judicial do que poder legislativo.

Com reflexos, por exemplo, no direito penal que elege a categoria do *bem jurídico como padrão crítico* da legislação já constituída, constituindo exemplos acabados, de sentido oposto, o *caso do incesto* decidido pelo TC alemão e a jurisprudência constitucional portuguesa sobre a legitimidade de um número já significativo de incriminações[179]; na discussão doutrinal quanto à existência de *imperativos constitucionais implícitos de criminalização*, a partir da decisão tomada pelo TC alemão em 1975 em matéria de interrupção voluntária da gravidez, introduzindo categorias próprias da dogmática dos direitos fundamentais (princípio da proporcionalidade, proibição de excesso, proibição de insuficiência, adequação, necessidade, proporcionalidade em sentido estrito)[180]; na identificação de *proibições constitucionais de incriminação* fundadas em direitos fundamentais e em princípios jurídicos fundamentais, como o princípio da igualdade, de que são exemplos decisões dos tribunais italiano, espanhol, brasileiro e português e do Conselho Constitucional francês[181]; no direito penal do princípio da legalidade, que entrega ao legislador democrático a definição dos crimes e das penas, perante a prolação de *sentenças aditivas* e de *sentenças substitutivas*, segundo o modelo italiano das *sentenças manipulativas*[182] [183];

178 Sobre o sentido desta característica, Maria Lúcia Amaral, *A Forma da República. Uma Introdução ao Estudo do Direito Constitucional*, p. 93 e ss.

179 Cf. *supra* Parte III, pontos 3. e 2., respetivamente, o que se disse sobre a decisão do TC alemão de 2008 e sobre a adoção pelo TC português do princípio jurídico-constitucional do direito penal do bem jurídico.

180 Cf. *supra* Parte IV, ponto 1.3.

181 Cf. *supra* Parte I, ponto 3., e Parte IV., 1.2., sobre o que é dito em texto quanto a tais decisões e notas 29, 133, 134 e 135.

182 Assim, Francesco Palazzo, "Direito penal e Constituição na experiência italiana", p. 38.

183 Sobre este tipo de sentenças, Gustavo Zagrebelsky / Valeria Marcenò / Francesco Pallante, *Lineamenti di Diritto costituzionale*, p. 439 e ss.

no direito penal de tutela *subsidiária* de bens jurídicos, por as decisões dos tribunais constitucionais serem lugar privilegiado de juízos de *ponderação*, juízos que estão necessariamente implicados na exigência de intervir com os meios do direito penal apenas quando tal se revele necessário, uma vez que "esta é uma zona jurídica de regulação de *ultima ratio*, pelo menos desde que *Dei Delitti e delle Pene* de Beccaria (1764) se tornou no credo consensual dos penalistas dos Estados de Direito democráticos"[184].

E teve reflexos, ainda, numa outra questão que passou a interessar à doutrina penal. A de saber qual a via de acesso à jurisdição constitucional que melhor garante o cidadão quanto à restrição de direitos fundamentais que vai sempre implicada na intervenção penal. Se uma via como a espanhola de *recurso de amparo* ou a alemã de *queixa constitucional* ou antes a via do *recurso contra atos normativos*, tal como existe, por exemplo, em Portugal[185 186].

Entre nós, Gomes Canotilho, *Direito Constitucional e Teoria da Constituição*, p. 1019, Vital Moreira, "Princípio da maioria e princípio da constitucionalidade", p. 196 e ss., Rui Medeiros, *A decisão de inconstitucionalidade. Os autores, o conteúdo e os efeitos da decisão de inconstitucionalidade da lei*, p. 469 e ss., Benedita Urbano, *Curso de Justiça Constitucional. Evolução histórica e modelos do controlo da constitucionalidade*, p. 84 e s., e Alves Correia, *Justiça Constitucional*, pp. 343 e ss. e 361 e ss. E, ainda, por referência a jurisprudência constitucional portuguesa, Maria João Antunes, "Dos atos homossexuais com adolescentes aos atos sexuais com adolescentes (da norma dos casos à norma do artigo 173.º do Código Penal)", p. 1015 e s.

[184] Cf. Teresa Pizarro Beleza, "Reconciliação, culpa e castigo. Uma breve reflexão a partir de Oshima e Coetzee", p. 73. Destaca esta regulação de *ultima ratio* na obra do iluminista milanês, Faria Costa, Beccaria *e o Direito Penal*, p. 23 e ss.

[185] Conclui, expressamente, pelo recurso de amparo, concluindo que é um instrumento eficaz para tornar efetivos os limites ao direito penal, Winfried Hassemer, "Puede haber delitos que no afectem a un bien jurídico penal?", p. 93.

[186] Sobre o sistema português de controlo *normativo*, um sistema que combina o controlo concentrado de normas, de modelo austríaco, com a fiscalização difusa, de modelo americano (à margem do modelo de mero incidente de inconstitucionalidade, já que todos os tribunais são *órgãos da justiça constitucional, não podendo aplicar normas que infrinjam o disposto na Constituição ou os princípios nela consignados nos feitos submetidos a julgamento*, segundo a estatuição do artigo 204.º da CRP), Gomes Canotilho, *Direito Constitucional e Teoria da Constituição*, p. 917 e ss., Rui Medeiros, *A decisão de inconstitucionalidade. Os autores, o conteúdo e os efeitos da decisão de inconstitucionalidade da lei*, p. 17 e ss., Vital Moreira, "O Tribunal Constitucional Português: a *Fiscalização Concreta* no Quadro de um Sistema Misto de Justiça Constitucional", p. 95 e ss., Cardoso da Costa, *A Jurisdição Constitucional em Portugal*, p. 29 e ss., e Alves Correia, *Justiça Constitucional*, p. 133 e ss.
Entre nós, pela defesa da via do recurso de amparo, em avaliação crítica do sistema português de fiscalização de constitucionalidade, Reis Novais, *Direitos fundamentais. Trunfos contra a maioria*, p. 155 e ss., e *Direitos fundamentais e justiça constitucional em estado de direito democrático*, pp. 217 e ss. e 243 e ss.

Na verdade, a configuração concreta do sistema de fiscalização de constitucionalidade pode comprometer o controlo de normas penais em aspetos muito relevantes. É disso exemplo a discussão travada no TC português a propósito da questão de saber se pode ser objeto de controlo de constitucionalidade uma norma relativamente à qual se invoque a violação da proibição constitucional de recurso à analogia, constante do artigo 29.º, n.º 1, da CRP. Como o sistema português não é de *recurso de amparo* ou de *queixa constitucional*, mas sim de *fiscalização* estritamente *normativa*, a questão reside em saber se o TC pode ou não fiscalizar o *processo interpretativo de obtenção da norma penal*, utilizando como parâmetro o princípio jurídico-constitucional da legalidade criminal. Se ao fazê-lo, está ainda a apreciar uma questão de *inconstitucionalidade normativa*, o que lhe é constitucionalmente permitido, ou se está já a controlar a *constitucionalidade do ato de julgamento*, o que já lhe está vedado. Se ao fazê-lo, o Tribunal Constitucional está, ainda, a administrar a justiça em matérias jurídico-constitucionais, exercendo a competência que a Constituição lhe atribui especificamente, ou se está já a sindicar uma interpretação do tribunal recorrido, alegadamente errónea, ao jeito de tribunal de revista. Com a consequência de a negação do controlo de constitucionalidade nessas hipóteses significar, na prática, o alheamento da justiça constitucional perante a alegação da violação de uma tão importante garantia dos cidadãos.

Com efeito, "seria uma lacuna grave que o sistema de controlo de constitucionalidade normativa não abarcasse no controlo último de constitucionalidade pelo Tribunal Constitucional, em sede de fiscalização concreta, uma importante parcela dos 'resultados normativos' da interpretação das leis penais, na verdade as normas do caso, produzidas pela analogia e o decisivo confronto desta interpretação com o mais estruturante princípio constitucional do Direito Penal, o princípio da legalidade"[187].

Uma tal "lacuna" do sistema foi colmata com a viragem jurisprudencial verificada no, já mencionado, Ac. n.º 183/2008, mediante o qual o TC declarou,

[187] Cf. Maria Fernanda Palma, "O legislador negativo e o intérprete da Constituição", p. 527 e s., e, ainda, *Direito Constitucional Penal*, p. 89 e s. Sobre a questão, com referências à jurisprudência constitucional anterior a 2008, também Rui Medeiros, "A força expansiva do conceito de norma no sistema português de fiscalização concentrada da constitucionalidade", p. 190 e ss. Em sentido divergente, Mafalda Miranda Barbosa / João Pedro Rodrigues, "Da (in)competência do Tribunal Constitucional para apreciar violações do Princípio da Legalidade Criminal: breve reposicionamento crítico em sede Metodológica", p. 83 e ss.
Sobre questão equivalente no ordenamento jurídico alemão, Lothar Kuhlen, *La interpretación conforme a la Constitución de las leyes penales*, pp. 80 e s., 137 e s. e 149.

"com força obrigatória geral, a inconstitucionalidade, por violação do disposto no artigo 29.º, n.ºs 1 e 3, da Constituição, da norma extraída das disposições conjugadas do artigo 119.º, n.º 1, alínea *a)*, do Código Penal e do artigo 336.º, n.º 1, do Código de Processo Penal, ambos na redação originária, na interpretação segundo a qual a prescrição do procedimento criminal se suspende com a declaração de contumácia"[188].

2. O controlo de constitucionalidade da lei penal

O controlo de constitucionalidade das decisões judiciais que aplicam o direito penal ordinário e o das normas de direito penal infraconstitucional que são aplicadas pelos outros tribunais, expõe as relações entre o direito penal e a Constituição sob um outro prisma: por via do direito penal os tribunais constitucionais têm sido confrontados quanto ao âmbito dos seus poderes de fiscalização na relação inescapável destes poderes com os do legislador democrático.

Se é certo que a Constituição de um Estado de direito deve impor limitações ao conteúdo das leis penais – "o conceito material de crime e o conceito material de pena estão a montante da reserva de lei" –, não é menos certo que a mesma Constituição reconhece ao poder político alguma liberdade de conformação do conteúdo das leis, em concretização do princípio democrático. Poder-se-á mesmo concluir que a consagração constitucional deste princípio e a positivação constitucional de direitos fundamentais apontam em sentido contrário quanto ao âmbito dos poderes de controlo da jurisdição constitucional. O receio é sempre o de que o *Estado parlamentar da lei* se transforme em *Estado jurisdicional do Tribunal Constitucional*[189].

Do ponto de vista do controlo por parte dos tribunais que administram a justiça em matérias de natureza jurídico-constitucional, importa, pois, identificar "onde se deve iniciar a *judicial self-restraint* perante a liberdade

[188] Cf. *supra* Parte IV, ponto 1.2. Cf., também, entre os posteriores a 2008, Acs. n.ºs 128/2010 e 90/2019. E, ainda, o Ac. n.º 374/2019, mediante o qual o Tribunal acordou não tomar conhecimento da questão posta, contrariando, em nosso entender, jurisprudência anterior.

[189] Cf. Maria Fernanda Palma, *Direito Constitucional Penal*, p. 50 e s. E Detlev Sternberg-Lieben, "Bien jurídico, proporcionalidade y libertad del legislador penal", p. 118 e s.
Pela sua atualidade cabe aqui uma especial referência aos votos dos Ministros Gilmar Mendes e Edson Fachin no RE 635.659/RG e à decisão do STF na ADO 26/DF. Criticamente, do ponto de vista dos poderes da jurisdição constitucional e do princípio da legalidade, cf., respetivamente, Luíza Nívea Pessoa, "Análise sobre a constitucionalidade do artigo 28 da Lei n. 11.343/06 à luz da teoria do bem jurídico", p. 259 e ss., e Gustavo Badaró, "Legalidade penal e a homofobia subsumida ao crime de racismo: um truque de ilusionista. Ao julgador cabe interpretar a lei, mas não a reescrever".

de conformação do legislador"[190]. Mais ao jeito do juiz Marshall, no sentido de que *os juízes devem autolimitar-se à decisão de questões jurisdicionais e negar a justiciabilidade das questões políticas,* ou antes no entendimento de que o princípio da autolimitação judicial significa que à jurisdição constitucional cabe *apreciar a violação dos parâmetros jurídico-constitucionais que conformem o comportamento político,* desde que tal apreciação se contenha nos limites da função jurisdicional, negativamente delimitada pelos outros poderes do Estado[191]. Por detrás disto, mais genericamente, poder-se-á até dizer que se trata de saber se o controlo da lei penal – o controlo sobre aquela que é a intromissão mais gravosa em direitos fundamentais – deve ser deixada (em maior ou menor medida) para o processo democrático ou entregue (em maior ou menor medida) a um tribunal com jurisdição específica sobre a matéria[192].

Entre nós é algo que transparece de imediato na parte que o Ac. n.º 25/84 dedica aos *limites de competência do Tribunal Constitucional nas suas relações com a liberdade conformativa do legislador,* onde se lê que "por vezes tem-se sentido que o Tribunal Constitucional é como que um areópago, «um conselho de sábios», que poderia corrigir os erros políticos ou de política legislativa cometidos, real ou supostamente, pelas entidades que entre nós detêm a competência legislativa (a Assembleia da República, o Governo, etc.). Para tanto seria preciso que o Tribunal Constitucional possuísse não só uma competência técnica nos mais variados domínios do conhecimento, como se fosse, por exemplo, um miniparlamento, mas também competência funcional para emitir *valorações* (que não sejam as que a Constituição permite), para controlar *os objetivos políticos* do legislador quanto à sua *correção* e *oportunidade,* bem como os *prognósticos* feitos pelo legislador quanto ao resultado futuro da sua obra, por exemplo, no caso, avaliar até que ponto a nova lei sobre o aborto, por si ou combinada com as leis de defesa da maternidade, planeamento familiar, etc., será capaz realizar o objetivo de, pelo menos, diminuir as já referidas cifras negras relativas aos abortos clandestinos. Isso não está, nem nunca esteve, no âmbito da missão dos tribunais constitucionais, até porque eles teriam então de interferir

[190] Cf. Gomes Canotilho, "A jurisprudência constitucional referendária de 1998. Anotação aos Acórdão n.º 288/98, n.º 531/98 e n.º 532/98 do Tribunal Constitucional", p. 346.

[191] Cf. Gomes Canotilho, *Direito Constitucional e Teoria da Constituição,* p. 1308 e s., e Rui Medeiros, A *decisão de inconstitucionalidade. Os autores, o conteúdo e os efeitos da decisão de inconstitucionalidade da lei,* p. 33 e s.

[192] Sem prejuízo de a lei penal poder ser também "controlada" pela doutrina. Acentua isto, muito justamente, considerando os limites do controlo de constitucionalidade, Frederico Costa Pinto, *A Categoria da Punibilidade na Teoria do Crime,* p. 43 e ss.

a todo o momento nos poderes legislativos da Assembleia e do Governo, o que seria contrário a um dos mais fundamentais princípios da organização política, ou seja, o chamado «princípio da separação dos poderes» (...). Os problemas de conformidade ou desconformidade com a Constituição têm de ser confinados aos limites postos à atividade legislativa por este diploma. Ora, não sendo a Constituição um código detalhado das relações que refere, mas apenas um código de parâmetros, dentro dos quais se há de desenvolver o poder legislativo na sua obra de conformação das relações sociais, mesmo no que toca aos direitos fundamentais, deixa a este uma margem de liberdade ou de poder discricionário mais ou menos amplo, sobretudo quando o sentido daquela é ambíguo ou equívoco, e, assim, o Tribunal Constitucional só poderá censurar juridicamente tal uso quando ele contraria manifestamente a ordem constitucional de valores, quando o legislador adote valorações inequivocamente refutáveis ou manifestamente erróneas".

Bem se pode concluir que o TC português reconhece ao legislador uma larga margem de conformação, entendendo que «o juízo sobre a necessidade do recurso aos meios penais cabe, em primeira linha, ao legislador», devendo o Tribunal proceder apenas "à censura das opções legislativas manifestamente arbitrárias ou excessivas". Porém, no desenho ou na definição de qualquer programa de política criminal, o legislador está vinculado ao princípio da necessidade de pena, nos termos do n.º 2 do artigo 18.º da CRP, pelo que a opção legislativa que seja qualificável como manifestamente arbitrária ou excessiva já poderá ser objeto de censura pelo Tribunal[193].

Em Espanha é referência incontornável a Sentença 55/1996, de 28 de março, onde foi decidida a questão da desproporcionalidade da pena aplicada ao objetor de consciência do serviço militar obrigatório que se recusasse a cumprir a prestação social de substituição. Lê-se no fundamento jurídico n.º 6 que "no exercício da sua competência de seleção dos bens jurídicos que resultam de um determinado modelo de convivência social e de comportamentos que atentam contra eles, bem como de determinação das sanções penais necessárias para a preservação do referido modelo, o legislador goza, dentro dos limites estabelecidos na Constituição, de uma ampla margem de liberdade que decorre da sua posição constitucional e, em última instância, da sua específica legitimidade democrática. Não cabe apenas afirmar, pois, como não pode ser de outro modo num Estado social e democrático de direito, que corresponde exclusivamente ao legislador o desenho da política criminal,

[193] Cf., entre outros, Acs. n.ºs 83/95, 561/95, 274/98, 634/93, 99/2002, 605/2007 e 377/2015.

mas também que, com exceção das orientações básicas que emanam do texto constitucional, dispõe para tal de plena liberdade. Daí que a relação de proporção que, em concreto, um comportamento penalmente típico deve guardar com a sanção que lhe corresponda seja fruto de um complexo juízo de oportunidade do legislador que, conquanto não possa prescindir de certos limites constitucionais, não depende de uma solução precisa e unívoca". Poder-se-á dizer conclusivamente quanto ao TC espanhol que, em matéria penal, há pouca ponderação e muita deferência para com o legislador[194].

Na Alemanha, as decisões do TC de 25 de fevereiro de 1975 e de 28 de maio de 1993 sobre a interrupção voluntária da gravidez são significativas da maior ou menor margem de conformação que o Tribunal reconhece ao legislador. Na "segunda decisão" sobre a matéria o que muda não tem que ver com o entendimento de que há um dever estadual de proteção da vida intrauterina, valendo consequentemente uma proibição de insuficiência, mas sim o que se defende quanto à liberdade do legislador no que toca à escolha de outros meios de tutela deste bem. Esta decisão compatibiliza a margem de avaliação, valoração e conformação do legislador com o dever a que está constitucionalmente obrigado de tomar medidas eficazes e suficientes para a proteção do bem jurídico[195].

3. Harmonização dos princípios da constitucionalidade e da maioria

No controlo de constitucionalidade da lei penal tem-se evidenciado o confronto entre o princípio da constitucionalidade e o princípio da maioria e, consequentemente, a procura de formas de harmonização desses princípios.

Estas formas podem ser exemplificadas através da identificação de uma *presunção de não inconstitucionalidade*, fundada no primado normativo da Constituição que se impõe ao legislador e faz depender a validade das leis da sua conformidade com a Lei fundamental; da distinção entre *regras* e *princípios*, com a consequência de haver *matérias* mais *sensíveis à escolha* do legislador do que outras (por exemplo, a relativa à interrupção voluntária da gravidez,

[194] Assim, PRIETO SANCHÍS, *Justicia constitucional y derechos fundamentales*, p. 288 e ss. Conclui também pela mesma deferência, LASCURAÍN SÁNCHEZ, "El control constitucional de las leys penales", p. 763, FOSSAS ESPADALER, "Límites materiales al legislador penal: su interpretación por el tribunal constitucional y el tribunal europeo de derechos humanos", pp. 32 e ss. e 54, e ADÁN NIETO, "*Saudade* of the constitution: The relationship between the constitutional and criminal law in the European context", p. 2.

[195] Cf. *BVerfGE* 88, 203.

por comparação com a da previsão da pena de morte)[196]; do estabelecimento de critérios de concretização dos parâmetros de controlo (por exemplo, fazendo repercutir nos poderes de controlo a distinção entre proibição do arbítrio e proibição de discriminação[197], entre controlo de evidência, controlo de justificabilidade e controlo de intensidade[198], ou entre dignidade penal do bem jurídico e necessidade de intervenção penal ou carência de tutela penal[199]); da autonomização do parâmetro da *razoabilidade*[200]; da distinção entre controlo de constitucionalidade como *garantia de liberdade* e como *meio de atuação da ordem constitucional* (através de indicações *positivas* de política-criminal)[201]; e da acentuação do papel do juiz constitucional como "juiz que «pronuncia as palavras» da Constituição", cabendo-lhe tão só impedir, interpretando-a, que *a vontade política da* maioria governante *em cada momento prevaleça contra a vontade da* maioria constituinte *incorporada na Lei fundamental* ("também ela uma lei democrática")[202]. Com a prevenção de que a jurisdição constitucional deve excluir *interpretações conformes à constituição 'contra legem'*. A interpretação em conformidade com a Constituição levada a cabo pelos tribunais comuns *tem os seus limites na «letra e na clara vontade do legislador»*, sob pena de os juízes se transformarem em legisladores ativos[203].

É já uma questão distinta saber se é admissível a prolação de decisões interpretativas em conformidade com a Constituição que o tribunal constitucional imponha aos tribunais recorridos em processos de fiscalização concreta

[196] Cf. Sousa Brito, "Jurisdição constitucional e princípio democrático", p. 41 e ss., e Maria Lúcia Amaral, *A Forma da República. Uma Introdução ao Estudo do Direito Constitucional*, p. 105 e ss.

[197] Sobre isto, Lascuraín Sánchez, "Son discriminatorios los tipos penales de violencia de género?", p. 335 e s. Entre nós, Maria João Antunes, "Dos atos homossexuais com adolescentes aos atos sexuais com adolescentes (da norma dos casos à norma do artigo 173.º do Código Penal)", p. 1016. E, ainda, Ac. do TC n.º 69/2008.

[198] Cf. o voto do Ministro Relator Gilmar Mendes no RE 635.659/RG, já citado, com referências à jurisprudência constitucional alemã.

[199] Cf. *infra* ponto 4.

[200] Esta é uma característica da jurisprudência constitucional italiana. Sobre ela, Francesco Palazzo, "Direito penal e Constituição na experiência italiana", p. 42 e s.

[201] Cf. Francesco Palazzo, "Direito penal e Constituição na experiência italiana", p. 38 e s., pronunciando-se o autor contra este tipo de indicações.

[202] Cf. Maria Fernanda Palma, "O legislador negativo e o intérprete da Constituição", p. 523, e Vital Moreira, "Princípio da maioria e princípio da constitucionalidade", p. 179.

[203] Cf. Gomes Canotilho, *Direito Constitucional e Teoria da Constituição*, pp. 1226 e s. e 1310 e s. E, no mesmo sentido, Lothar Kuhlen, *La interpretación conforme a la Constitución de las leyes penales*, p. 35 e ss.

da constitucionalidade. Neste caso, o que também fica exposto é a relação de poderes entre a jurisdição constitucional e os outros tribunais[204]. O confronto reduzir-se-á, porém, se a decisão interpretativa tiver como limite o *direito vivente*, no sentido de uma interpretação jurisprudencial consolidada da lei, na sua aplicação aos casos concretos[205].

4. Por um outro controlo de constitucionalidade da lei penal

Para uns resta a conclusão desalentada de que a *judicial self-restraint* se inicia, em regra, num nível abaixo do desejado. Para outros a *judicial self-restraint* tem mesmo de se iniciar em tal nível, por só assim se respeitarem os poderes do legislador democrático. Além de se poder duvidar pertinentemente se a *judicial self-restraint* não passa de uma ideia "genérica e indiferenciada"[206]. É significativo que o projeto italiano de reforma constitucional de 1997 apontasse expressamente para uma reforma também em matéria penal, inspirada em Bricola. Segundo o artigo 129.º então proposto *as normas penais protegem bens de natureza constitucional* e não *é punível a prática de um facto previsto como crime quando de tal facto não tenha resultado uma lesão concreta*[207].

Para uns e para outros o que está em causa é a amplitude da margem de conformação do legislador e, de certa forma, a fragilização do entendimento de que a Constituição também é fundamento do direito penal. É certo, porém, que tal amplitude não é a mesma consoante se identifiquem ou não proibições

[204] Assim, também, Lothar Kuhlen, *La interpretación conforme a la Constitución de las leyes penales*, p. 39 e s., e Gomes Canotilho, "Jurisdição constitucional e intranquilidade discursiva", p. 884.
Sobre esta problemática, entre nós, tendo em conta o disposto no artigo 80.º, n.º 3, da Lei de Organização, Funcionamento e Processo do Tribunal Constitucional, Mário de Brito, "Sobre as decisões interpretativas do Tribunal Constitucional", p. 57, Gomes Canotilho, *Direito Constitucional e Teoria da Constituição*, pp. 1002 e s. e 1312 e ss., e Rui Medeiros, A *decisão de inconstitucionalidade. Os autores, o conteúdo e os efeitos da decisão de inconstitucionalidade da lei*, p. 363 e ss. É marcadamente restritiva a utilização que o TC vem fazendo daquele artigo. Cf., porém, em matéria penal, o Ac. n.º 583/98.

[205] Cf. Gustavo Zagrebelsky / Valeria Marcenò / Francesco Pallante, *Lineamenti di Diritto costituzionale*, p. 438 e s.

[206] Cf. Rui medeiros, *A Constituição Portuguesa num contexto global*, pp. 226 e 240, e A *decisão de inconstitucionalidade. Os autores, o conteúdo e os efeitos da decisão de inconstitucionalidade da lei*, p. 33 e s. Também mostra descrença quanto à sua operacionalidade prática, Gomes Canotilho, "Justiça Constitucional e Justiça Penal", p. 343 e s.

[207] Cf. Massimo Donini, "Un Derecho Penal fundado en la carta constitucional: razones y limites. La experiencia italiana", p. 34.

constitucionais de criminalização ou imposições constitucionais (expressas ou implícitas) de incriminação. A identificação de umas e de outras permitirá, certamente, um controlo mais forte, por o legislador constituinte se ter substituído ao legislador ordinário. Mais forte ainda no que se refere a proibições constitucionais de incriminação, por não ficarem dependentes do controlo (mais fraco) da inconstitucionalidade por omissão, sem prejuízo de ser depois fiscalizável por via de ação a lei penal que descriminalize comportamento relativamente ao qual seja constitucionalmente devida a sua incriminação[208]. Mais forte, em todo o caso, do que o controlo de inconstitucionalidade que tenha como parâmetro o princípio da proporcionalidade ou o *princípio jurídico-constitucional do direito penal do bem jurídico* enquanto dele decorre o critério da carência de tutela penal do bem jurídico[209]. A contrastar com a jurisprudência constitucional que lança mão do critério da necessidade de intervenção penal, sempre muito deferente com o legislador, o TC já declarou, com força obrigatória geral, a inconstitucionalidade de norma penal, por inexistência de bem jurídico-penal (deserção na marinha mercante), bem como já se pronunciou no sentido da inconstitucionalidade de outras normas com o mesmo fundamento (enriquecimento ilícito e enriquecimento injustificado [210].

4.1. Em face de um controlo de constitucionalidade de leis penais que se tem revelado limitado e porque estão em causa restrições a direitos fundamentais, vão-se fazendo ouvir vozes a reclamar um procedimento legislativo substancialmente diferente, mais exigente quanto à racionalidade e à fundamentação das escolhas do legislador, nomeadamente por via da mobilização de conhecimentos científicos e de estudos empíricos (diagnosticando e

[208] Sobre a fiscalização da inconstitucionalidade por omissão por via de ação, Pereira da Silva, *Dever de legislar e proteção jurisdicional contra omissões legislativas*, p. 285 e ss.

[209] Maria Fernanda Palma, "O argumento criminológico e o princípio da necessidade da pena no juízo de constitucionalidade", p. 106, fala mesmo em ambivalência e em crise do princípio da necessidade da pena, relativamente a bens que até alcançam dignidade penal.

[210] Cf. Acs. 527/95, 179/2012 e 377/2015, respetivamente. No sentido da diferenciação dos poderes de controlo do TC, Maria João Antunes, "Dos atos homossexuais com adolescentes aos atos sexuais com adolescentes (da norma dos casos à norma do artigo 173.º do Código Penal)", p. 1017.

prognosticando, avaliando *ex ante* e *ex post*)[211] [212]. O que é tanto mais pertinente quanto o tempo é de desconfiança em relação ao legislador penal, perante o oportunismo político que lhe é de censurar, e de descrença relativamente à Constituição, à jurisdição constitucional e ao princípio da proporcionalidade como parâmetro de controlo, por não se terem mostrado instrumentos fortes contra a irracionalidade das leis penais[213].

O reverso da exigência quanto à racionalidade e fundamentação das escolhas do legislador é a possibilidade do controlo de constitucionalidade de tal racionalidade e fundamentação, nomeadamente por recurso aos conhecimentos científicos e estudos empíricos, quer relativamente a opções iniciais de criminalização, quer quanto a decisões que mantenham a tipificação criminal do comportamento[214]. De um outro ângulo, do lado dos que intentam a superação da "crise da lei", poder-se-á mesmo dizer que, verificada a realização dos correspondentes estudos prévios sobre a realidade social sobre a qual a lei irá incidir e comprovados os objetivos a perseguir, os meios aos dispor e as possíveis consequências da decisão legislativa, fica assegurado um grau aceitável de racionalidade teleológica e pragmática que fará com que a lei supere

[211] Neste sentido, Detlev Sternberg-Lieben, "Bien jurídico, proporcionalidade y libertad del legislador penal", p. 121 e s., Knut Amelung "El concepto «bien jurídico» en la teoria de la protección penal de bienes jurídicos", p. 233, Wolfgang Wohlers, "Derecho penal como *ultima ratio*. Principio fundamental del Derecho penal de un Estado de Derecho o principio sin un contenido expressivo próprio?", p. 117 e s., e, desenvolvidamente, acompanhando o desenvolvimento da legística, Adán Nieto, "Un triángulo necessário: ciência de la legislación, control constitucional de las leyes penales e legislación experimental", pp. 411 e ss. e 420 e ss., e Raquel Scalcon, *Controle Constitucional de Leis Penais. Da prognose legislativa sobre os efeitos potenciais e concretos da lei penal aos deveres de seu monitoramento e de melhoria da lei penal*, p. 117 e ss.

[212] Por uma *teoria especial da legislação penal* (o mesmo é dizer *pela racionalidade da legislação penal*), Gomes Canotilho, "Teoria da legislação geral e teoria da legislação penal", p. 844 e ss. Salienta a importância da criminologia para responder às questões da identificação da conduta lesiva de um bem jurídico e da necessidade da intervenção do direito penal, Costa Andrade, "O novo Código Penal e a moderna Criminologia", p. 189. Cf., ainda, dada a atualidade do tema, Salo de Carvalho, "Sobre a criminalização da homofobia: perspetivas desde a criminologia *queer*", p. 196 e ss.

[213] Sobre esta desconfiança e descrença, Massimo Donini, *Poder Judicial y ética pública. La crisis del legislador y de la ciência penal en Europa*, p. 33 e ss., e Adán Nieto, "*Saudade* of the constitution: The relationship between the constitutional and criminal law in the European context", p. 1 e s. Cf., ainda, *supra* Parte II.

[214] No sentido de só leis penais motivadas permitirem a fiscalização da constitucionalidade das decisões de criminalização, Massimo Donini, "Principios constitucionales y sistema penal. Modelo y programa", p. 98. No mesmo sentido, também Adán Nieto, "Un triángulo necessário: ciência de la legislación, control constitucional de las leyes penales e legislación experimental", p. 433 e ss.

o controlo de constitucionalidade, por respeitar, à partida, um determinado nível de racionalidade[215].

A crítica que, por vezes, se faz ao controlo jurisdicional de constitucionalidade tem que ver, precisamente, com a denominada "prerrogativa de avaliação" que é dada ao legislador quanto à formulação das suas suposições empíricas[216]. Maria Fernanda Palma chama a atenção que "o princípio da necessidade da pena funcionando no novo paradigma de hipertrofia do Direito Penal Especial surge apenas como critério de justificação em função de uma necessidade social, invocada pelo legislador, de incriminação. Mas deixa de ter virtualidade de inconstitucionalizar incriminações sempre que haja argumentos relevantes sobre uma qualquer necessidade social". Segundo a autora, "poderá mesmo perguntar-se se a necessidade da pena se tornou uma etiqueta e um conceito oportunista, ultrapassado pelo factos, por um certo pragmatismo e, em suma, se transformou num conceito disfuncional"[217].

Por seu turno, Adán Nieto, contrapondo o direito penal liberal nacional ao direito penal liberal supranacional, tal como concebido no *Manifesto on European Criminal Policy*, salienta que o primeiro concede ampla margem de liberdade ao legislador, não o obrigando a demonstrar empiricamente a eficácia da sua intervenção, ao passo que o segundo se legitima através da demonstração empírica da sua validade e da sua avaliação contínua[218].

É exemplo do recurso a estudos empíricos para sustentar o decidido quanto à questão de inconstitucionalidade, ainda que da decisão nada decorra quanto à fundamentação da escolha legislativa, o Ac. do TC n.º 144/2004 que não julgou inconstitucional a norma constante do então artigo 170.º, n.º 1, do CP (*Lenocínio*), de acordo com o qual era punido com pena de prisão *quem, profissionalmente ou com intenção lucrativa, fomentasse, favorecesse ou facilitasse o exercício por outra pessoa de prostituição.* Não obstante ter deixado de constar expressamente

[215] Cf. Díez Ripollés, *A racionalidade das Leis Penais. Teoria e Prática*, p. 81 e ss.

[216] Assim, Luís Greco, "Tem futuro a teoria do bem jurídico? Reflexões a partir da decisão do Tribunal Constitucional Alemão a respeito do crime de incesto (§ 173 *Strafgesetzbuch*)", p. 174, não obstante ser crítico de uma legitimidade penal dependente de dados empíricos (p. 174 e ss.).

[217] Cf. "Direito Penal especial: o vértice do sistema penal", p. 13, e "O argumento criminológico e o princípio da necessidade da pena no juízo de constitucionalidade", p. 107.

[218] Cf. "Derecho penal y constitución en la era del *global law*", p. 92. O documento referido – *A Manifesto on European Criminal Policy. European Criminal Policy Initiative*, 2009 – pode ser acedido em *Zeitschrift für Internationale Strafrechtsdogmatik* – www.zis-online.com. Sobre a aplicação prática da exigência de demonstração da necessidade de intervenção penal a nível europeu, criticamente, Anabela Miranda Rodrigues, "O Direito Penal europeu à luz do princípio da necessidade – o caso do abuso de mercado", p. 26 e ss.

do tipo legal de crime o elemento *exploração de situações de abandono ou de necessidade económica*, o Tribunal entendeu que tal "não significa que a prevenção desta não seja a motivação fundamental da incriminação a partir da qual o aproveitamento económico da prostituição de quem fomenta, favoreça ou facilite a mesma exprima, tipicamente, um modo social de exploração de uma situação de carência e desproteção social. Tal opção tem o sentido de evitar já o risco de tais situações de exploração, risco considerado elevado e não aceitável, e é justificada pela prevenção dessas situações, concluindo-se pelos *estudos empíricos* que tal risco é elevado e existe, efetivamente, no nosso país, na medida em que as situações de prostituição estão associadas a carências sociais elevadas". Não é, pois, "tal opção inadequada ou desproporcional ao fim de proteger bens jurídicos pessoais relacionados com a autonomia e a liberdade"[219].

A interrogação que subsiste é a de saber se o recurso a tais estudos intensificou, no caso, os poderes de controlo do Tribunal quanto à necessidade de intervenção penal (aqui incluída a dignidade punitiva da conduta incriminada no artigo 169.º, n.º 1, do CP), afastando-os dos afirmados, por exemplo, no Ac. 25/84, já referido, ou se é tão só uma forma *fundamentada* de concluir que, relativamente à norma em apreciação, não havia uma valoração do legislador *inequivocamente refutável ou manifestamente errónea*, ao jeito do critério da liberdade de conformação do legislador[220].

4.2. A forma como a Constituição tem vindo a ser garantida jurisdicionalmente e, nomeadamente, a forma como os direitos fundamentais têm vindo a ser – e a não ser – garantidos pela jurisdição constitucional tem dado motivo a vozes críticas – umas mais do que outras – quase sempre centradas na temática do princípio da separação de poderes, abundantemente focadas nos poderes do legislador democrático por contraposição aos poderes dos tribunais constitucionais aos quais tem cabido garantir o primado normativo

[219] Itálico aditado. Evidencia a valia de análises empíricas (e de outros ramos do saber) para o Direito Constitucional Penal, com referência expressa a este acórdão e ao Ac. n.º 617/2006, MARIA FERNANDA PALMA, "Conceito material de crime e reforma penal", p. 16, *Direito Constitucional Penal*, p. 80 e s., e "O argumento criminológico e o princípio da necessidade da pena no juízo de constitucionalidade", p. 116. Vai no mesmo sentido o voto do Ministro Relator Gilmar Mendes no RE 635.659/RG, já citado, bem como o voto-vista do Ministro Edson Fachin. E, ainda, MASSIMO DONINI, "Un Derecho Penal fundado en la carta constitucional: razones y limites. La experiencia italiana", pp. 36 e 38.

[220] Cf. *supra* ponto 2.

da Constituição. E as alternativas parecem ser repensar a garantia jurisdicional da Constituição – corrigindo excessos em nome do princípio da maioria, em defesa da *Constituição do povo, ou* corrigindo defeitos em prol do princípio da constitucionalidade e, nomeadamente, de uma proteção jurisdicional efetiva dos direitos fundamentais, em nome de uma *Constituição de direitos*[221]. Ou a alternativa ser mesmo *to take the Constitution away from the courts*[222].

De forma mais extensa, dir-se-á que há críticas que apontam para um "fenómeno totalizante de hiperconstitucionalidade", para a "'ominipresença' do direito constitucional e a 'omnijuridicialização' dos tribunais constitucionais", para "exageros de um difundida visão pan-constitucional da juridicidade" [223], ao ponto de se notar que a própria hermenêutica constitucional chega a dar relevância imediata a decisões dos tribunais constitucionais e de outros tribunais superiores em detrimento do texto constitucional[224]. O que coloca (recoloca), inevitavelmente, a questão das relações entre o direito penal e a Constituição.

Não concedendo toda a razão àquelas críticas, Gomes Canotilho, por exemplo, entende que se lhe "parece desejável, no campo do direito penal, não forçar muito a dependência constitucional da teoria jurídico-penal dos bens jurídico-criminais", já lhe "parece mais que duvidoso que ainda se sustente a revelação autorreferencial da 'dignidade penal' e 'da necessidade penal': a decisão sobre o que é a *Strafwürdig* e a *Strafbedrüftig* deve ter em conta os contornos jurídico-dogmáticos da doutrina de direito penal e da dogmática jus-criminalista, mas num Estado de direito democrático (...) a seleção normativa do 'penalmente relevante' quer do 'dever de penalização' pertencerá ao legislador democrático nos quadros da Constituição (...). Neste contexto, o caminho mais razoável é o de tentar uma constitucionalização adequada que evita

[221] Sobre isto, entre nós, contrapondo as duas alternativas e em diálogo, nomeadamente com Reis Novais, em defesa da *Constituição do povo*, RUI MEDEIROS, *A Constituição Portuguesa num contexto global*, pp. 90 e ss., 115 e ss.,123 e s., 224 e ss. e 232 e ss. E, em defesa da *Constituição dos direitos*, por uma justiça constitucional *forte*, REIS NOVAIS, *Direitos fundamentais e justiça constitucional em estado de direito democrático*, pp. 143 e ss., 183 e ss. e 217 e ss.

[222] É de MARK TUSHNET a obra *Taking the Constitution away from The Courts*. Um outro nome do denominado "constitucionalismo popular" é o de Jeremy Waldron, criticado, entre nós, por REIS NOVAIS, *Direitos fundamentais e justiça constitucional em estado de direito democrático*, p. 149 e ss.

[223] Cf. GOMES CANOTILHO, "Justiça Constitucional e Justiça Penal", p. 341, e FARIA COSTA, "O princípio da igualdade, o direito penal e a constituição", p. 283. E, ainda, JOÃO LOUREIRO, "A tentação de Midas: panconstitucionalismo (s), idolatria (s) e realização do direito", p. 87 e ss.

[224] Cf. MASSIMO DONINI, *Poder Judicial y ética pública. La crisis del legislador y de la ciência penal en Europa*, p. 32.

quer a hipertrofia da 'superconstitucionalização' quer a fuga ao quadro normativo-constitucional através da defesa de uma 'miniconstitucionalização'"[225].

Subsistirá, porém, a questão dos poderes de controlo jurisdicional do legislador, com a ideia de que é imperioso repensar os critérios que têm vindo a ser utilizados pela jurisdição constitucional; as vias de acesso a esta jurisdição, contrapondo o recurso de amparo ou de queixa constitucional ao controlo normativo de constitucionalidade[226] e equacionando o alargamento da legitimidade processual constitucional em fiscalização abstrata, tornando-a mais *extrovertida*[227]; e os efeitos da declaração de inconstitucionalidade, ponderando a admissibilidade das denominadas sentenças de conteúdo intermédio, tendo em vista a adequação do controlo de constitucionalidade à mobilização de dados empíricos e a superação dos *efeitos traumáticos das decisões que se limitam a optar pelo esquema binário constitucionalidade / inconstitucionalidade* e que, por isso, acabam por reduzir o número das declarações de inconstitucionalidade que gerariam "os efeitos nocivos dos «buracos negros»"[228].

Duvida-se, com frequência, do bom uso da autocontenção judicial e não é crível que o número reduzido de decisões de inconstitucionalidade em matéria penal corresponda à conformidade constitucional das restantes normas incriminatórias, perante a expansão atual, aparentemente sem controlo, da intervenção penal[229]. Fossas Espadaler conclui que "pode ser paradoxal que, ao exercer o mais terrível de todos os poderes, o poder de punir, o legislador se sinta submetido, de acordo com a jurisprudência constitucional, a tão poucos

[225] Cf. "Justiça Constitucional e Justiça Penal", p. 342.

[226] Cf. *supra* ponto 1. a alusão que se fez a estes dois modelos.

[227] Cf. Gomes Canotilho, "Jurisdição constitucional e intranquilidade discursiva", p. 880 e ss.

[228] Cf. Gomes Canotilho, "Jurisdição constitucional e intranquilidade discursiva", p. 882 e s. E, ainda, Adán Nieto, "Un triángulo necessário: ciência de la legislación, control constitucional de las leyes penales e legislación experimental", p. 436 e s.
Sobre decisões de conteúdo intermédio, cf., ainda, *Direito Constitucional e Teoria da Constituição*, p. 1018 e s., Rui Medeiros, *A decisão de inconstitucionalidade. Os autores, o conteúdo e os efeitos da decisão de inconstitucionalidade da lei*, p. 676 e ss., Benedita Urbano, *Curso de Justiça Constitucional. Evolução histórica e modelos do controlo da constitucionalidade*, p. 77 e ss., e Alves Correia, *Justiça Constitucional*, p. 331 e ss.

[229] Sobre isto, quanto ao direito penal alemão, Michael Bunzel, "La fuerza del principio constitucional de proporcionalidade como limite de la protección de bienes jurídicos en la sociedad de la información", p. 152. Relativamente ao espanhol, Fossas Espadaler, "Límites materiales al legislador penal: su interpretación por el tribunal constitucional y el tribunal europeo de derechos humanos", p. 42 e s., e ao italiano, Massimo Donini, "Un Derecho Penal fundado en la carta constitucional: razones y limites. La experiencia italiana", p. 36 e ss., onde o autor aponta o sentido das alterações a introduzir para contrariar o estado das coisas.

e a tão débeis limites materiais derivados da Constituição"[230]. A menos que se deixe tudo para o processo democrático e se defenda que o controlo das opções político-criminais da maioria legislativa deve ser um controlo estritamente político e não também jurisdicional, defendendo-se que a política-criminal faz-se no parlamento e não através de decisões dos tribunais constitucionais[231]. Posição que enfraqueceria, irremediavelmente, o entendimento da Constituição também como fundamento do direito penal, no que seria um retorno ao seu papel de mero limite. Além de que o controlo pelo processo democrático via parlamento tem a debilidade decorrente de este ser muitas vezes apenas o órgão que legitima formalmente as opções político-criminais dos governos e de assumir hoje contornos novos em consequência da integração de territórios nacionais na União Europeia.

O legislador parlamentar nacional democrático passou a estar limitado na sua liberdade de conformação em matéria penal (em parte da matéria penal), considerando, designadamente, a vinculação a determinadas normas do Tratado da União Europeia (consequentemente a normas da Carta dos Direitos Fundamentais da União Europeia[232]) e do Tratado sobre o Funcionamento da União Europeia, bem como a vinculação às antigas decisões-quadro e às atuais diretivas europeias[233]. O legislador penal nacional passou a estar limitado na sua liberdade de conformação quer quanto à oportunidade da intervenção

[230] Cf. "Límites materiales al legislador penal: su interpretación por el tribunal constitucional y el tribunal europeo de derechos humanos", p. 55.

[231] Sobre este entendimento, por referência à doutrina italiana, sem que a subescreva, Massimo Donini, "Un Derecho Penal fundado en la carta constitucional: razones y limites. La experiencia italiana", p. 33 e s. E, ainda, Quintero Olivares, "La construcción del bien jurídico protegido a partir de la Constitución", p. 121, e Detlev Sternberg-Lieben, "Bien jurídico, proporcionalidade y libertad del legislador penal", p. 120.

[232] Uma das consequências do artigo 6.º do Tratado da União Europeia é o reconhecimento do princípio da legalidade em matéria penal, em termos idênticos aos da CEDH. Cf. artigo 49.º, n.º 1, da Carta.

[233] Para a evolução do direito da União Europeia, incluindo as inovações decorrentes do Tratado de Lisboa, Quintero Olivares, "La construcción del bien jurídico protegido a partir de la Constitución", p. 127 e ss., Pedro Caeiro, *Fundamento, Conteúdo e Limites da Jurisdição Penal do Estado. O Caso Português*, pp. 411 e ss. e 559 e ss., Anabela Miranda Rodrigues, *Tratado de Lisboa – Anotado e Comentado*, anotação e comentário ao artigo 83.º, e "Direito penal europeu pós-Lisboa – um direito penal funcionalista?", p. 320 e ss., Inês Ferreira Leite, "Direito penal europeu: do *corpus iuris* aos métodos de integração europeia", p. 343 e ss., e Joana Amaral Rodrigues, *O Direito penal Europeu e a* dupla subsidiariedade. *Competência penal da União Europeia, condições do seu exercício e compatibilidade com o paradigma da proteção subsidiária de bens jurídicos*, pp. 72 e ss. e 182 e ss. Relativamente ao período anterior àquele Tratado, Anabela Miranda Rodrigues, O *Direito Penal Europeu Emergente*, pp. 27 e ss., 87 e ss. e 111 e ss.

legislativa quer quanto ao conteúdo de uma parte da lei penal, podendo até falar-se na emergência de novos bens jurídicos por referência àqueles Tratados, tendo em vista, nomeadamente, a proteção dos interesses financeiros da União Europeia. Emerge mesmo o conceito de "bem jurídico supranacional" e com ele a reflexão sobre a sua aptidão para se constituir como padrão crítico do legislador supranacional e de quem controla a conformidade supralegal das normas penais[234].

Como evidencia Faria Costa "de um lado, temos um caudal cada vez mais intenso de determinações comunitárias que fazem com que as legislações dos países comunitários entrem no frenesim de alterações constantes, criando uma instabilidade para lá do razoável, dando uma tónica de Babel, mas, por outro lado, tudo isso é feito em nome de uma certa uniformização, em nome de um "*esperanto universal*"[235]. Com repercussões incontestáveis em matéria penal.

[234] Assinala o conceito e o seu potencial crítico como limite do legislador supranacional, nomeadamente como critério de delimitação do que deve ficar exclusivamente nas mãos do direito penal estadual, ADÁN NIETO, "Derecho penal y constitución en la era del *global law*", p. 91.

[235] Cf. "O direito penal, a linguagem e o mundo globalizado (*Babel ou esperanto universal?*", p. 223.

VI. COSMOPOLITISMO E PLURALISMO CONSTITUCIONAL. PROTEÇÃO MULTINÍVEL DE DIREITOS

A atualização do tema das relações entre o direito penal e a Constituição passa também por notar que hoje o tempo é de *cosmopolitismo e pluralismo constitucional* e de *proteção multinível de direitos*[236]. O legislador nacional passou, por isso, a estar sujeito a outros vínculos materiais – a mais vínculos ou a vínculos diferentes – e a ser controlado por outras instâncias – as que estão além das nacionais[237]. Deixou de fazer sentido pensar as relações entre o direito penal e a Constituição exclusivamente por referência a esta ou, melhor dizendo, por referência à Constituição nacional. A vinculação do legislador penal e do intérprete da lei penal passou a ser mesmo num duplo sentido, já que resulta quer de disposições de direito europeu e de direito internacional quer da jurisprudência de tribunais supranacionais[238]. A este propósito, é mesmo de

[236] É ilustrativa deste tempo a obra do autor brasileiro MARCELO NEVES, *Transconstitucionalismo*, e, entre nós, a de RUI MEDEIROS, *A Constituição Portuguesa num contexto global*.

[237] Sobre a proteção multinível dos direitos fundamentais – vários catálogos e diversos tribunais – tendo em vista o ordenamento jurídico português, ANA MARIA GUERRA MARTINS / PRATA ROQUE, "A tutela multinível dos direitos fundamentais. A posição do Tribunal Constitucional Português", ponto 1. a 7. Especificamente sobre a questão das imposições de criminalização no âmbito do "constitucionalismo «multinível»", com referências à jurisprudência do TEDH, JOANA AMARAL RODRIGUES, *O Direito penal Europeu e a* dupla subsidiariedade. *Competência penal da União Europeia, condições do seu exercício e compatibilidade com o paradigma da proteção subsidiária de bens jurídicos*, p. 336 e ss.

[238] Sobre esta realidade, entre outros, MASSIMO DONINI, "Principios constitucionales y sistema penal. Modelo y programa", p. 91, e *Poder Judicial y ética pública. La crisis del legislador y de la ciência penal en Europa*, pp. 32 e 79, FOSSAS ESPADALER, "Límites materiales al legislador penal: su interpretación por el tribunal constitucional y el tribunal europeo de derechos humanos", p. 30 e ss., GOMES CANOTILHO, "Justiça Constitucional e Justiça Penal", p. 342, e *Direito Constitucional e Teoria da Constituição*, p. 367 e ss., e MARIA FERNANDA PALMA, *Direito Constitucional Penal*, p. 140 e ss.

considerar a potencial *violência de "choques" entre juízes do nível máximo* – os juízes dos tribunais constitucionais, os juízes do TEDH e os juízes do Tribunal de Justiça da União Europeia[239].

Num certo sentido, poder-se-á dizer que tal vinculação chega mesmo a ir além do expetável, perante disposições constitucionais como as contidas nos artigos 7.º, 8.º e 16.º da CRP ou no artigo 10.º, n.º 2, da Constituição espanhola, fundamentalmente pelo significado que decisões de instâncias supranacionais acabam por ter na justiça penal nacional. Ainda que se possa apontar que é a ordem jurídica nacional, ela própria, que acolhe de mãos abertas tais decisões. Note-se que a partir da Lei n.º 48/2007, de 29 de agosto, a revisão da sentença transitada em julgado passou a ser admissível quando "uma sentença vinculativa do Estado Português, proferida por uma instância internacional, for inconciliável com a condenação ou suscitar graves dúvidas sobre a sua justiça" (artigo 449.º, n.º 1, alínea *g*), do CPP). De modo mais limitado, o artigo 954.º, n.º 3, da *Ley de Enjuiciamento Criminal* espanhola, passou a admitir como fundamento da revisão, por via da Lei 41/2010, de 5 de outubro, a declaração pelo TEDH de que a sentença já transitada em julgado violou algum dos direitos reconhecidos na Convenção Europeia e seus protocolos, sempre que a violação, pela sua natureza e gravidade, produza efeitos que ainda persistam e não possam cessar de um outro modo que não mediante a revisão da sentença.

Constituem um exemplo acabado do que se pretende salientar as decisões do TEDH tiradas nos casos *M. v. Germany* e *Del Río Prada v. Spain*, pela sua repercussão na Alemanha e em Espanha em duas matérias de direito penal: na do princípio da legalidade e na da medida de segurança de internamento aplicável a agente imputável juntamente com a pena. Decisões que terão extravasado, por ventura, em alguns pontos, a *deferência jurisdicional* que é característica da jurisprudência do Tribunal de Estrasburgo quando deixa para os Estados membros uma significativa margem de apreciação[240].

No tempo presente há, de facto, vários catálogos de direitos e de princípios jurídicos fundamentais e diversos tribunais a garantir tais direitos e princípios.

Em geral, sobre o modo como esta realidade se tem refletido na jurisprudência constitucional portuguesa, Ana Maria Guerra Martins / Prata Roque, "A tutela multinível dos direitos fundamentais. A posição do Tribunal Constitucional Português", ponto 10.

239 Cf. "Derecho penal y constitución en la era del *global law*", p. 87.

240 Sobre esta característica, Rui Medeiros, *A Constituição Portuguesa num contexto global*, p. 348 e ss.

1. O caso *M. v. Germany*

Em 1986, na Alemanha, um cidadão foi condenado por tentativa de homicídio e de roubo na pena de 5 anos de prisão e em medida de segurança internamento, cuja duração máxima era então de 10 anos (§§ 66 e 67d do CP). Em 1991, após o cumprimento da pena de prisão, a medida de segurança começou a ser executada, sabendo-se de acordo com a lei então vigente que a sua duração máxima era de 10 anos[241]. Em 2001, o condenado pediu a colocação em liberdade, mas o pedido foi-lhe negado, porque entretanto havia sido eliminado o limite máximo de duração da medida de segurança, de forma retroativa, por via da *Lei contra os delitos sexuais e outros delitos perigosos* de 26 de janeiro de 1998 (*Gesetz zur Bekämpfung von Sexualdelikten und anderen gerfärlichen Straftaten*).

O condenado apresentou então uma queixa junto do TC alemão, invocando a violação do princípio da proporcionalidade, da proibição da punição retroativa e do direito à liberdade. Em 5 de fevereiro de 2004, o Tribunal de Karlsruhe decidiu-se pela conformidade constitucional do § 67d.3 do CP, bem como da norma que permitia a aplicação da lei nova aos condenados cuja medida de segurança já estava em execução. A limitação em causa do direito à liberdade, direito consagrado no artigo 2.º, n.º 2, segunda parte, da Lei Fundamental, não violava o princípio da proporcionalidade; o princípio da proibição da aplicação retroativa da lei penal, previsto no artigo 103.º, n.º 2, da Lei Fundamental não vale para as medidas de segurança, já que estas, ao contrário das penas, não têm como pressuposto de aplicação a culpa do agente; o dever estadual de proteção dos cidadãos contra ingerências na sua vida, saúde e liberdade sexual superava o direito do condenado de ser libertado atingidos que fossem os 10 anos, havendo por isso proporcionalidade na aplicação retroativa da lei nova que eliminava este limite máximo de duração, não tendo ficado desprotegidas expetativas legítimas (artigo 2.º, n.º 2, em conjugação com o artigo 20.º, n.º 3, da Lei Fundamental); a proteção da dignidade da pessoa humana, consagrada no artigo 1.º, n.º 1, da Lei Fundamental, não impõe a fixação de um limite máximo de duração da privação da liberdade quando, por razões de segurança, a privação é necessária para fazer face a uma perigosidade continuada da pessoa[242].

[241] Sobre o caso, Maria João Antunes, "Beleza dos Santos e Eduardo Correia. Obra Única e Original", p. 33 e ss.
[242] Cf. *BVerfGE* 109, 133.

O condenado recorreu então para o TEDH. Em 17 de dezembro de 2009, o Tribunal de Estrasburgo concluiu, por unanimidade, pela violação dos artigos 5.º, n.º 1, alínea *a)*, e 7.º, n.º 1, da CEDH. Segundo o Tribunal, não podia ser estabelecida qualquer ligação entre a condenação em 1986 e a continuação da execução medida de segurança 10 anos depois de ser ter iniciada. Havia, por isso, violação do direito à liberdade, direito consagrado naquele artigo 5.º, n.º 1, alínea *a)*, quando estatui que *a pessoa só pode ser privada da liberdade em consequência de condenação por tribunal competente*. Por outro lado, havia aplicação retroativa da lei que abolira o limite máximo de duração da medida de segurança, contra o disposto no artigo 7.º da Convenção, segundo o qual *não pode ser imposta uma pena mais grave do que a aplicável no momento em que a infração foi cometida*. A eliminação do limite máximo de duração da medida de segurança, aplicando-se a lei nova aos casos em que a sanção está em execução, equivale a ser imposta *pena* mais grave do que a aplicável no momento em que a infração foi cometida, havendo violação do princípio da legalidade. Tanto mais quanto a execução da medida de segurança se diferenciava pouco da execução da pena[243].

Em 4 de maio de 2011, contrariando o decidido em 2004, o TC alemão decidiu que o § 67d.3 do CP, ao não prever qualquer limite máximo de duração do internamento, por o mesmo ter sido eliminado pela lei de 1998, e a norma que permitia a aplicação da lei nova aos crimes praticados antes da sua entrada em vigor violavam o artigo 2.º, n.º 2, segunda parte, em conjugação com o artigo 104.º, n.º 1, da Lei Fundamental – violação do direito à liberdade pessoal – e o artigo 2.º, n.º 2, segunda parte, em conjugação com o artigo 20.º, n.º 3, da Lei Fundamental – violação da proteção da confiança (*Vertrauensschutz*)[244].

A fundamentação da decisão de 4 de maio de 2011, que se estende a outros pontos do regime penal das medidas de segurança, alicerça-se em cinco linhas essenciais: a medida de segurança de internamento constitui uma restrição grave do direito à liberdade que só o princípio da proporcionalidade pode justificar por referência à necessidade de segurança da sociedade; a legitimação constitucional das penas e das medidas de segurança é distinta – de um lado, o princípio da culpa fundado na dignidade da pessoa humana e, de outro, o princípio do interesse preponderante, segundo o qual a medida de segurança só é legítima se o interesse público na segurança superar

[243] Cf. *Case of M. c. Germany* (n.º 19359/04): Esta decisão e as demais do Tribunal de Estrasburgo, posteriormente citadas, estão disponíveis em http://hudoc.echr.coe.int.
[244] Cf. *BVerfGE* 128, 326.

o direito à liberdade da pessoa; o legislador tem de cumprir o imperativo constitucional de diferenciação destas duas sanções, diferenciando-as também na fase de execução; o regime legal da medida de segurança de internamento deve ter um objetivo claramente terapêutico – diminuir ou eliminar a perigosidade do condenado – reduzindo dessa forma ao mínimo necessário o período de privação da liberdade; a confiança constitucionalmente protegida é abalada com a aplicação retroativa da lei nova que elimina o prazo máximo de duração da medida de segurança, por ser excedido o limite máximo de dez anos de duração da privação da liberdade previsto no momento da condenação.

A decisão do Tribunal de Karlsruhe, desviada da decisão de 2004, tem vindo a ser aplaudida em duas frentes muito distintas: levou a cabo uma interpretação da Lei Fundamental com abertura ao direito internacional, nomeadamente à CEDH e à jurisprudência do Tribunal Europeu; e traçou limites ao denominado direito penal da perigosidade que deram origem a uma alteração significativa do CP alemão.

Ao decidir que, apesar de as normas da Convenção Europeia estarem subordinadas às da Lei Fundamental, devem ser interpretadas com aquela abertura, com o limite de não resultar de tal interpretação uma diminuição da proteção constitucional dos direitos fundamentais, a decisão de 2011 inscreve-se em uma nova era do constitucionalismo europeu, que o Tribunal de Estrasburgo aplaudiu expressamente em decisões ulteriores por ser reveladora de que os tribunais de cada país protegem os direitos fundamentais não apenas ao nível nacional, mas também ao nível europeu[245].

Por outro lado, a decisão do TC alemão questionou, em geral, as normas sobre a medida de segurança aplicável a agentes imputáveis, com fundamento na sua perigosidade criminal. Proferindo uma sentença de mera declaração de incompatibilidade com a Lei Fundamental, sem declaração de nulidade, o Tribunal deu um prazo ao legislador (até maio de 2013) para proceder às necessárias alterações[246]. A Lei federal de 5 de dezembro de 2012 entrou depois em vigor no dia 1 de junho de 2013, com a designação sugestiva de *Gesetz zur bundesrechtlichen Umsetzung des Abstandsgebotes im Recht der Sicherungsverwahrung*, onde se evidencia a exigência de que no direito das medidas

[245] Cf. Christopher Micaelsen, "'From Strasbourg, with Love' – Preventive Detention before the German Federal Constitutional Court and the European Court of Human Rights", p. 165 e s. O diálogo entre os dois tribunais passou a estar presente em outras decisões, como se mostra, por exemplo, no *Case of Glien v. Germany* (n.º 7345/12), de 28 de novembro de 2013, §§ 42 a 48.

[246] Sobre este tipo de sentença de conteúdo intermédio, cf. *supra* nota 228.

de segurança se cumpra o mandado constitucional de diferenciação das medidas de segurança das penas, designadamente da pena de prisão, tal como havia apontado o TEDH.

A decisão do TEDH reintroduz no direito nacional a crítica, já antiga, de que o regime legal da medida de segurança é, por vezes, revelador de uma *burla de etiquetas*. Além de ter o mérito irrecusável de ter levado o tema da extensão do conteúdo de sentido do princípio da legalidade criminal às medidas de segurança ao debate doutrinal e jurisprudencial. Diferentemente da CRP que estende a estas sanções o princípio, nos artigos 29.º, n.ºs 1 a 4, e 165.º, n.º 1, alínea *c)*, a Lei Fundamental alemã reserva-o para as penas, dispondo o artigo 103.º, n.º 2, que "um facto somente pode ser punido, se a punibilidade foi estabelecida por lei antes de seu cometimento"[247] [248]. Não obstante, tomando em consideração a interpretação que o Tribunal de Estrasburgo fez do artigo 7.º da Convenção Europeia, o Tribunal de Karlsruhe fez apelo à exigência de proteção da confiança que se extrai da interpretação conjugada dos artigos 2.º, n.º 2, parte final, e 103.º, n.º 2, da Lei Fundamental, rompendo com o passado da aplicação retroativa da lei criminal em matéria de medidas de segurança. Sem que possamos equiparar, de todo o modo, a proibição de retroatividade fundada no princípio da proteção da confiança à proibição de retroatividade enquanto corolário do princípio da legalidade criminal, nomeadamente para o efeito de controlo de constitucionalidade[249].

[247] Para o estudo da evolução do texto constitucional português quanto à extensão do princípio da legalidade às medidas de segurança, GERMANO MARQUES DA SILVA, "Algumas notas sobre a consagração dos princípios da legalidade e da jurisdicionalidade na Constituição da República Portuguesa", p. 257 e s.

[248] Indo ao encontro da Lei fundamental alemã, também a CRFB determina no artigo 5.º, inciso XXXIX, que somente as penas são abrangidas quando se consagra o princípio da legalidade. Não obstante, há doutrina brasileira a estender o princípio às medidas de segurança. Assim, por exemplo, REALE FERRARI, *Medidas de Segurança e Direito Penal no Estado Democrático de Direito*, p. 92 e ss.

Também a Convenção Americana dos Direitos Humanos vai no sentido de somente serem referidas expressamente as penas, dispondo o artigo 9.º que "ninguém pode ser condenado por ações ou omissões que, no momento em que forem cometidas, não sejam delituosas, de acordo com o direito aplicável. Tampouco se pode impor pena mais grave que a aplicável no momento da perpetração do delito. Se depois da perpetração do delito a lei dispuser a imposição de pena mais leve, o delinquente será por isso beneficiado".

[249] Sobre isto, MARIA LÚCIA AMARAL, *A Forma da República. Uma Introdução ao Estudo do Direito Constitucional*, p. 180 e ss. Na jurisprudência constitucional a referência obrigatória é o Ac. n.º 287/90. Mais recentemente, cf. Ac. n.º 128/2009.

2. O caso *Del Río Prada v. Spain*

Em Espanha, em 28 de fevereiro de 2006, o Supremo Tribunal decidiu, através da Sentença 197/2006, o recurso interposto por Henri Parot que havia sido condenado por diversos crimes graves, enquadráveis em ações terroristas[250]. Entendeu que as diversas penas aplicadas aos crimes em concurso guardavam a sua autonomia, para o efeito de concessão de benefícios penitenciários, não obstante o limite máximo de duração da privação da liberdade estabelecido na 2.ª regra do artigo 70.º do CP de 1973. O limite máximo de trinta anos legalmente previsto não se converte numa nova pena, distinta das sucessivamente impostas ao condenado. Não se converte em outra pena resultante das anteriores, pelo que os benefícios penitenciários, no caso os decorrentes da prestação de trabalho (artigo 100.º do CP de 1973), devem valer relativamente a cada uma das penas dos crimes em concurso[251]. A este entendimento, conhecido por "doutrina Parot", correspondeu uma alteração da interpretação que vinha sendo feita pelos tribunais, perante normas penais que não resolviam expressamente a questão, diferentemente do que sucede no direito vigente (artigos 75.º, 76.º e 78.º do CP), o que levou de imediato à problemática da admissibilidade da retroatividade de alterações jurisprudenciais.

Relativamente a alguns dos casos onde foi feita aplicação deste novo entendimento jurisprudencial, o TC espanhol conheceu dos recursos de amparo interpostos em que se invocou, entre o mais, a aplicação retroativa de interpretação jurisprudencial desfavorável, tendo concluído, por maioria, pela não violação do direito fundamental à legalidade penal (artigo 25.º, n.º 1, da Constituição espanhola)[252]. O Tribunal entendeu que se, por um lado, a forma de computar o benefício do desconto do trabalho na pena não afeta a pena em si, mas sim a sua execução, o que está fora do âmbito do direito fundamental à legalidade penal constitucionalmente consagrado, por outro, este direito

[250] Sobre o caso, Teresa Rodríguez Montañés, "Ascenso y caída de la doctrina Parot: tutela multinível de los derechos a la legalidade y a la liberdad", p. 291 e ss., e Maria João Antunes, "Proteção multinível do princípio da legalidade criminal – a «doutrina Parot» e o caso *Inés del Río Prada*", p. 117 e ss.

[251] Sobre esta decisão, criticamente e com indicações bibliográficas, cf. Molina Fernández, "Las cicatrices jurídicas del terrorismo: la doutrina Parot y outras interpretaciones irrazonables de la ley", p. 241 e ss. Sobre a evolução legislativa e jurisprudencial da questão, cf. pp. 249 e ss. e 252 e ss.

[252] Cf., entre muitas outras, as Sentenças 39/2012 e 40/2012, ambas de 29 de março. Relativamente à jurisprudência constitucional pertinente, incluindo alguns dos votos divergentes, Susana Huerta Tocildo, "La anulación de la doctrine Parot por STEDH de 21 de octubro de 2013: mucho ruido para un fallo juridicamente cantando", p. 268 e ss., e Teresa Rodríguez Montañés, "Ascenso y caída de la doctrina Parot: tutela multinível de los derechos a la legalidade y a la liberdad", p. 297 e ss.

fundamental não inclui o direito à não retroatividade de alterações jurisprudenciais desfavoráveis[253].

A doutrina Parot chegou depois ao TEDH pela mão de Inés Del Río Prada, condenada também por crimes enquadráveis em ações terroristas, cujo recurso deu origem às decisões de 10 de julho de 2012, tirada em secção, e de 21 de outubro de 2013, prolatada pela grande câmara. Condenada a penas de prisão cuja soma ascendia a cerca de três mil anos de prisão, Inés Del Rio havia sido sujeita ao cumprimento de trinta anos de prisão, por força do disposto no artigo 70.º do CP de 1973. De acordo com o entendimento jurisprudencial anterior ao caso Parot quanto ao modo de proceder ao desconto do trabalho na pena, seria libertada em julho de 2008. Em face da interpretação normativa feita em 2006, Inés Del Río Prada passou a poder ser libertada apenas em junho de 2017[254].

Estatuindo o artigo 7.º, n.º 1, da CEDH que "ninguém pode ser condenado por uma ação ou uma omissão que, no momento em que foi cometida, não constituía infração, segundo o direito nacional ou internacional" e que "igualmente não pode ser imposta uma pena mais grave do que a aplicável no momento em que a infração foi cometida", o Tribunal entendeu, por um lado, que no caso em apreciação estava em causa uma *pena* para os efeitos previstos neste artigo e, por outro, que abrangendo este quer *fontes legislativas* quer *jurisprudenciais*, a interpretação do Supremo Tribunal de 2006, levada a cabo em momento posterior à prática dos factos, não era previsível para a recorrente.

[253] Entre nós, sobre isto, Castanheira Neves, "O princípio da legalidade criminal. O seu problema jurídico e o seu critério dogmático", p. 325 e ss., Figueiredo Dias, *Direito Penal. Parte Geral. Questões Fundamentais. A Doutrina Geral do Crime*, Cap. 8.º § 39, e Nuno Brandão, "Contrastes jurisprudenciais: problemas e respostas processuais penais", p. 1302 e ss. No sentido de não ser lei, para o efeito de aplicação da lei penal mais favorável, a jurisprudência fixada pelo Supremo Tribunal de Justiça, cf. Ac. do TC n.º 839/2013.
Para uma visão geral da problemática, com referências à doutrina e à jurisprudência germânicas, Alaor Leite, "Proibição de retroatividade e alteração jurisprudencial. A irretroatividade da jurisprudência constitutiva do injusto penal", p. 43 e ss. E, ainda, referindo jurisprudência de diversos países, Mariângela Magalhães Gomes, *Direito Penal e Interpretação Jurisprudencial. Do Princípio da legalidade às súmulas vinculantes*, p. 139 e ss.

[254] Sobre o caso e as decisões do Tribunal de Estrasburgo, manifestando concordância, Susana Huerta Tocildo, "La anulación de la doctrine Parot por STEDH de 21 de octubro de 2013: mucho ruido para un fallo juridicamente cantando", p. 278 e ss., e Teresa Rodríguez Montañés, "Ascenso y caída de la doctrina Parot: tutela multinível de los derechos a la legalidade y a la liberdad", p. 305 e ss.

Concluiu, consequentemente, pela violação daquela disposição convencional (bem como também do artigo 5.º, n.º 1, da Convenção)[255].

Não obstante ter havido uma parte significativa da doutrina espanhola a censurar a Sentença de 2006 – a decisão que fez a doutrina Parot –, bem como a jurisprudência constitucional que se lhe seguiu, e de ter sido, consequentemente, saudada e celebrada a decisão do Tribunal Europeu de 2013, o que releva, verdadeiramente, no *caso Del Río Prada* para a proteção multinível do direito fundamental à legalidade penal é a extensão do princípio às alterações jurisprudenciais, enquanto dele decorre a proibição de retroatividade *contra reum* ou *in malam partem*. E não tanto, como é óbvio, a correção da interpretação inovadora (e desfavorável), que o Supremo Tribunal espanhol fez dos artigos 70.º, 2.ª regra, e 100.º do CP de 1973, aplicando-a retroativamente, e que tanta censura mereceu da doutrina[256]. O que importa, de facto, é ressaltar que, contra o entendimento dos tribunais superiores nacionais – o TC e o Supremo Tribunal espanhóis – uma instância supranacional – o Tribunal Europeu – entendeu que um dos corolários do princípio da legalidade criminal é também a proibição da retroatividade de alterações jurisprudenciais desfavoráveis.

Alvoco das Várzeas, agosto de 2019

[255] Cf. *Case of del Río Prada v. Spain* (42750/09), de 10 de julho de 2012, e *Case of del Río Prada v. Spain* (42750/09), de 21 de outubro de 2013.

[256] A interpretação legitimou a crítica de que estava em causa uma *interpretação não permitida* pela letra da lei ou que se tratava mesmo de uma lei que não cumpria a exigência de *determinabilidade*. Sobre isto, Maria João Antunes, "Proteção multinível do princípio da legalidade criminal – a «doutrina Parot» e o caso *Inés del Río Prada*", p. 126 e s.

Jurisprudência

Tribunal Constitucional português: Acs. n.ºs 43/86, 426/91, 274/98, 124/2004, 605/2007, 80/2012, 102/2015, 56/2016 e 124/2016 (princípio da culpa); 574/95, 329/97, 108/99, 124/2004, 595/2008, 80/2012, 105/2013 124/2016 (princípio da proporcionalidade das sanções penais); 43/95, 1/2001, 336/2008 e 427/2009 (princípio da socialidade); 56/84, 59/88, 490/89, 175/90, 13/91, 427/91, 427/95, 168/99, 115/2008, 183/2008, 128/2010, 428/2010, 606/2018, 90/2019 e 374/2019 (princípio da legalidade); 240/97, 644/98, 677/98, 169/2002, 572/2003, 164/2008, 265/2008 (aplicação retroativa das leis penais de conteúdo mais favorável); 249/2012, 405/2013, 171/2014, 292/2017 e 636/2018 (princípio da pessoalidade das penas); 284/89, 748/93, 304/2003, 154/2004, 243/2007, 239/2008, 25/2011 e 376/2018 (proibição de efeitos necessários da pena); 70/2002, 124/2004, 56/2016 (penas fixas); 302/95 e 395/2003 (responsabilidade penal das pessoas coletivas); 43/86 e 549/94 (pena relativamente indeterminada); 583/98 (interpretação); 69/2008 (princípio da igualdade); 287/90 e 128/2009 (princípio da proteção da confiança); 550/2013 (elegibilidade de condenado para os órgãos das autarquias locais); 224/2010 (liberdade de expressão e informação); 25/84, 85/85, 288/98, 617/2006 e 75/2010 (interrupção voluntária da gravidez); 144/2004, 196/2004, 303/2004, 170/2006, 396/2007, 522/2007, 591/2007, 141/2010, 654/2011, 101/2015, 641/2016, 421/2017, 694/2017, 90/2018 e 178/2018 (lenocínio); 247/2005 e 351/2005 (atos homossexuais com adolescentes); 105/2013 (importunação sexual); 561/95 (cópula com mulher portadora de anomalia psíquica); 426/91 (tráfico de estupefacientes); 634/93 e 527/95 (deserção na marinha mercante); 83/95 e 337/2002 (condução sem habilitação legal); 275/98 (desobediência a intimação administrativa de demolir); 62/99 (omissão de assistência material à família); 99/2002 (exploração de jogo ilícito); 95/2011 (condução de veículo em estado de embriaguez); 577/2011 (aproveitamento de obra contrafeita ou usurpada); 128/2012 (injúria); 105/2013 (importunação sexual); 101/2009 e 225/2018 (procriação medicamente assistida e gestação de substituição); 179/2012 e 377/2015 (enriquecimento ilícito e injustificado) – disponíveis em www.tribunalconstitucional.pt.

– Tribunal Constitucional alemão: Decisões de 10 de maio de 1957 (atos homossexuais), de 16 de julho de 1969 (direito penal e direito contraordenacional), de 25 de fevereiro de 1975 e de 28 de maio de 1993 (interrupção voluntária da gravidez), de 21 de junho de 1977 (prisão perpétua), de 5 de fevereiro de 2004 (medida de segurança de internamento), de 26 de fevereiro de 2008 (incesto) e 4 de maio de 2011 (medida de segurança de internamento) – disponíveis em www.bundesverfassungsgericht.de e/ou na publicação oficial das decisões (*BVerfGE*).

– Tribunal Constitucional espanhol: Sentenças 53/85 (interrupção voluntária da gravidez), 55/96 (recusa de prestação social de substituição de serviço militar obrigatório), 67/98 (não pagamento de prestações familiares a filhos nascidos fora do casamento), 235/2007 (negação de genocídio) 59/2008 (violência de género), 39/2012 e 40/ 2012 ("doutrina Parot") – disponíveis em www.tribunalconstitucional.es.

– Conselho Constitucional francês: Decisões n.ºs 2008-562 DC (prisão de segurança e declaração de irresponsabilidade penal por perturbação mental) e 2012-647 DC (negação de genocídio), disponível em www.conseil-constitutionnel.fr.

– Tribunal Europeu dos Direitos do Homem: Casos *M. v. Germany* (19359/04), de 17 de dezembro de 2009) e *Del Río Prada v. Spain* (42750/09), de 21 de outubro de 2013, disponíveis em http://hudoc.echr.coe.int.

– Supremo Tribunal Federal brasileiro: Processos RE 418.376, de 2006 (estupro de vítima menor), ADI 3.112/DF, de 2007 (Estatuto do Desarmamento), ADPF 187/DF, de 2011 (marcha pela legalização do consumo da maconha), HC 104.410, de 2012 (porte ilegal de arma desmuniciada), RE 583.523/RS, de 2013 (posse não justificada de instrumento de emprego usual na prática de furto), HC 124.306, de 2016 (interrupção voluntária da gestação no 1.º trimestre), ADO 26/DF, de 2019 (homofobia e transfobia) e RE 635.659/RG, ainda pendente (posse de droga para consumo pessoal) – disponíveis em www.stf.jus.br.

BIBLIOGRAFIA

A Manifesto on European Criminal Policy. European Criminal Policy Initiative, Zeitschrift für Internationale Strafrechtsdogmatik, 2009, p. 697 e ss., disponível em www.zis-online.com.

Adán Nieto, "Derecho penal y constitución en la era del *global law*", in *Garantías constitucionales y Derecho penal europeo* (Santiago Mir Puig / Mirentxu Corcoy Bidasolo; coordenação de Vítor Gómez Martín), Marcial Pons, 2012, p. 83 e ss.;

—— "Un triángulo necessário: ciência de la legislación, control constitucional de las leyes penales e legislación experimental", in *Hacia una evaluación racional de las leyes penales* (Adán Nieto / Muñoz de Morales Romero / Becerra Muñoz), Marcial Pons, 2016, p. 405 e ss.

—— "*Saudade* of the constitution: The relationship between the constitutional and criminal law in the European context", *New Journal of European Criminal Law* XX (X), 2019, p. 1 e ss.

Alaor Leite, "Proibição de retroatividade e alteração jurisprudencial. A irretroatividade da jurisprudência constitutiva do injusto penal", *Atas do Colóquio o Direito Penal e o Tempo*, Instituto Jurídico da Faculdade de Direito da Universidade de Coimbra, 2016, p. 43 e ss.

Alberto Jorge Lima, *Direito penal constitucional. A imposição dos princípios constitucionais penais*, Editora Saraiva, 2012.

Alves Correia, *Justiça Constitucional*, Almedina, 2019.

Alonso Rimo, "La publicidade de los antecedentes penales como estratégia de prevención del delito (a propósito de los registros públicos de maltratadores y de delincuentes sexuales)", in *Derecho Penal de la peligrosidad y prevención de la reincidência* (Orts Berenguer / Alonso Rimo / Roig Torres), Valencia, Tirant lo blanch, 2015, p. 559 e ss.

Ana Elisa Bechara, "O rendimento da teoria do bem jurídico no direito penal atual", *Revista Liberdades*, n.º 1, maio--agosto, 2009, p. 1 e s.

Ana Maria Guerra Martins/Prata Roque, "A tutela multinível dos direitos fundamentais. A posição do Tribunal Constitucional Português", *16.ª Conferência Trilateral dos Tribunais Constitucionais de Espanha, Itália e Portugal*, 2014, disponível em www.tribunalconstitucional.pt.

Anabela Miranda Rodrigues, *A determinação da medida da pena privativa da liberdade*, Coimbra Editora, 1995;

—— "Política criminal – Novos desafios, velhos rumos", *Liber Discipulorum para*

Jorge de Figueiredo Dias, Coimbra Editora, 2003, p. 207 e ss.;

—— O *Direito Penal Europeu Emergente*, Coimbra Editora, 2007;

—— *Tratado de Lisboa – Anotado e Comentado* (coordenação Gonçalo Anastácio / Lopes Porto), Almedina, 2012, anotação e comentário ao artigo 83.º;

—— "Sobre o crime de importunação sexual", *Revista de Legislação e de Jurisprudência*, Ano 143.º, N.º 3987, 2014, p. 413 e ss.;

—— "Direito penal europeu pós-Lisboa – um direito penal funcionalista?", *Revista de Legislação e de Jurisprudência*, Ano 146.º, N.º 4004, 2017, p. 320 e ss.;

—— "O Direito Penal europeu à luz do princípio da necessidade – o caso do abuso de mercado", *Católica Law Review*, I, n.º 3, nov. 2017, p. 11 e ss.

Anabela Miranda Rodrigues/Sónia Fidalgo, *Comentário Conimbricense do Código Penal. Parte Especial*, Tomo I, Coimbra Editora, 2012.

Andrew von Hirsch, "El concepto de bien jurídico y el «princípio del dano»", in *La teoria del bien jurídico. Fundamento de legitimación del Derecho penal o juego de abalorios dogmático?* (edição de Roland Hefendehl / Andrew von Hirsch / Wolfgang Wohlers), Marcial Pons, 2016, p. 33 e ss.

António Miguel Veiga, "Dignidade pessoal *versus* (aparente) segurança comunitária: observações sobre o registo português de condenados por crimes sexuais contra menores", in *Direito Penal e Constituição. Diálogos entre Brasil e Portugal* (Maria João Antunes / Fabio Roberto D'Ávila / Cláudia Santos / Nereu Giacomolli), Boutique Jurídica, 2018, p. 70 e ss.

Attilio Nisco, "Controle das escolhas de incriminação e eclipse do bem jurídico: o caso do incesto no direito alemão", *Revista de Estudos Criminais*, Ano XI, 2013, N.º 51, p. 9 e ss.

Benedita Urbano, *Curso de Justiça Constitucional. Evolução histórica e modelos do controlo da constitucionalidade*, Almedina, 2013.

Bernd Schünemann, "Protección de bienes jurídicos, *ultima ratio* y víctimodogmática. Sobre los limites inviolables del Derecho Penal en un Estado de Derecho liberal", in *Límites al Derecho Penal. Principios operativos en la fundamentación del castigo* (Andrew von Hirsch / Kurt Seelmann / Wolfgang Wohlers, ed. Alemana // Robles Planas, ed. española), Barcelona, Atelier, 2012, p. 63 e ss.;

—— "El principio de protección de bienes jurídicos como punto de fuga de los limites constitucionales de los tipos penales y de su interpretación", in *La teoria del bien jurídico. Fundamento de legitimación del Derecho penal o juego de abalorios dogmático?* (Roland Hefendehl / Andrew von Hirsch / Wolfgang Wohlers), Marcial Pons, 2016, p. 191 e ss.

Borja Jiménez, "Peligrosidad postcondena, intervención punitiva y Estado de Derecho", in *Derecho Penal de la peligrosidad y prevención de la reincidência*, Valencia, Tirant lo blanch, 2015, p. 151 e ss.

Cancio Meliá, "Una nueva reforma de los delitos contra la libertad sexual", *La Ley Penal*, 80, março 2011, p. 1 e ss.

Cardoso da Costa, *A Jurisdição Constitucional em Portugal*, Almedina, 2007.

Castanheira Neves, "O princípio da legalidade criminal. O seu problema jurídico e o seu critério dogmático", in *Estudos em Homenagem ao Prof. Doutor Eduardo Correia* I, Boletim da Faculdade de Direito da Universidade de Coimbra, 1984, p. 307 e ss.

Cláudia Santos, A *Justiça Restaurativa. Um modelo de reação ao crime diferente da Justiça*

Penal. Porquê, para quê e como?, Coimbra Editora, 2014.

—— *A Corrupção de Agentes Públicos e a Corrupção no Desporto*, Almedina, 2018.

Claus Roxin, "O conceito de bem jurídico como padrão crítico da norma penal posto à prova", *Revista Portuguesa de Ciência Criminal*, 2013, p. 7 e ss.;

—— "Es la protección de bienes jurídicos una finalidad del Derecho penal?", in *La teoria del bien jurídico. Fundamento de legitimación del Derecho penal o juego de abalorios dogmático?* (Roland Hefendehl / Andrew von Hirsch / Wolfgang Wohlers), Marcial Pons, 2016, p. 433 e ss.

Conceição Cunha, *«Constituição e crime». Uma perspetiva da criminalização e da descriminalização*, Universidade Católica Portuguesa, Porto, 1995;

—— "Breve reflexão acerca do tratamento jurídico-penal do incesto", *Revista Portuguesa de Ciência Criminal*, 2002, p. 351 e ss.

—— "Da criminalização do 'grooming': reflexões à luz do livre desenvolvimento da personalidade do menor na esfera sexual", *Estudos em Homenagem ao Prof. Doutor Manuel da Costa Andrade*, Boletim da Faculdade de Direito da Universidade de Coimbra, volume I, 2017, p. 403 e ss.

Costa Andrade, "O novo Código Penal e a moderna Criminologia", *Jornadas de Direito Criminal. O Novo Código Penal Português e Legislação Complementar*, Centro de Estudos Judiciários, 1983, p. 185 e ss.;

—— *Consentimento e Acordo em Direito Penal (contributo para a fundamentação de um paradigma dualista)*, Coimbra Editora, 1990;

—— "A «dignidade penal» e a «carência de tutela penal» como referências de uma doutrina teleológico-racional do crime", *Revista Portuguesa de Ciência Criminal*, 1992, p. 173 e ss.;

—— "Constituição e Direito Penal", in *A Justiça nos Dois Lados do Atlântico. Teoria e Prática do Processo Criminal em Portugal e nos Estados Unidos da América*, Fundação Luso-Americana para o Desenvolvimento, 1997, p. 198 e ss.

Christopher Micaelsen, "'From Strasbourg, with Love' – Preventive Detention before the German Federal Constitutional Court and the European Court of Human Rights", *Human Rights Law Review* 12 (2012), p. 148 e ss.

Detlev Sternberg-Lieben, "Bien jurídico, proporcionalidade y libertad del legislador penal", in *La teoria del bien jurídico. Fundamento de legitimación del Derecho penal o juego de abalorios dogmático?* (Roland Hefendehl / Andrew von Hirsch / Wolfgang Wohlers), Marcial Pons, 2016, p. 101 e ss.

Díez Ripollés, "El control de constitucionalidade de las leyes penales", *Revista Española de Derecho Constitucional*, 75, Año 25, 2005, p. 59 e ss.;

—— *A Política Criminal na Encruzilhada*, Livraria do Advogado Editora, 2015;

—— *A racionalidade das Leis Penais. Teoria e Prática*, Revista dos Tribunais, 2016.

Elisabeth Schneider, "Frankreich", in *Wegsperren? Freiheitsentziehende Massnahmen gegen gefährliche, strafrechtlich verantwortliche (Rückfall-) Täter* (Hans-Georg Koch), Duncker & Humblot, Berlin, 2011, p. 81 e ss.

Emilio Dolcini/Giorgio Marinucci, "Constituição e escolha dos bens jurídicos", *Revista Portuguesa de Ciência Criminal*, 1994, p. 151 e ss.

Faria Costa, "Tentativa e dolo eventual (ou da relevância da negação em direito penal), in *Estudos em Homenagem ao Prof. Doutor Eduardo Correia* I, Boletim da Faculdade de Direito da Universidade de Coimbra, 1984, p. 673 e ss.;

—— *O Perigo em Direito Penal*, Coimbra Editora, 1992;

—— "O direito penal, a linguagem e o mundo globalizado (*Babel ou esperanto universal?*", *Revista de Legislação e de Jurisprudência*, Ano 138.º, N.º 3955, 2009, p. 218 e ss.;

—— "T. C., **Acórdão n.º 179/2012 – Processo n.º 182/12.** (Crítica à tipificação do crime de enriquecimento ilícito: *plaidoyer* por um direito penal não iliberal e ético-socialmente fundado", *Revista de Legislação e de Jurisprudência*, Ano 141.º, N.º 3793, 2012, p. 249 e ss.;

—— "O princípio da igualdade, o direito penal e a constituição", *Revista de Legislação e de Jurisprudência*, Ano 141.º, N.º 3794, 2012, p. 282 e ss.;

—— "Sobre o objeto de proteção do direito penal: o lugar do bem jurídico na doutrina de um direito penal não iliberal", *Revista de Legislação e de Jurisprudência*, Ano 142.º, N.º 3978, 2013, p. 158 e ss.;

—— Beccaria *e o Direito Penal*, Coimbra Editora, 2015;

—— *Direito Penal*, Imprensa Nacional, 2017.

Fernández Segado, "«Fétichisme de la loi, séparation des pouvoirs et gouvernement des juges». Tres ideias-fuerza para el rechazo del control jurisdicional de la constitucionalidade de las leys en Francia (1789-1958)", *Teoria y Realidad Constitucional*, N.º 19, 2007, p. 45 e ss.

Fhilippe Salvage, "La responsabilité pénale du malade mental: les principes de base", *Cahiers de la recherche sur les droits fondamentaux*, N.º 12, 2014, p. 103 e ss.

Figueiredo Dias, "Os novos rumos da política criminal e o direito penal português do futuro", *Revista da Ordem dos Advogados*, 43, 1983, p. 5 e ss.;

—— "Sobre o estado atual da doutrina do crime", *Revista Portuguesa de Ciência Criminal*, 1992, p. 7 e ss.;

—— "Para uma dogmática do direito penal secundário. Um contributo para a reforma do direito penal económico e social português", *Direito Penal Económico e Europeu. Textos Doutrinários*, volume I, Coimbra Editora, 1998, p. 35 e ss.;

—— *Direito Penal. Parte Geral. Questões Fundamentais. A Doutrina Geral do Crime.*, tomo I, Gestlegal, 2019;

—— "O «direito penal do bem jurídico» como princípio jurídico-constitucional. Da doutrina penal, da jurisprudência constitucional portuguesa e das suas relações", *XXV Anos de jurisprudência constitucional portuguesa*, Coimbra Editora, 2009, p. 31 e ss.;

—— "O «direito penal do bem jurídico» como princípio jurídico-constitucional implícito", *Revista de Legislação e de Jurisprudência*, Ano 145.º, N.º 3998, 2016, p. 250 e ss.

Figueiredo Dias / Maria João Antunes, "Da inconstitucionalidade da tipificação do lenocínio como crime de perigo abstrato", *Estudos em Homenagem ao Senhor Conselheiro Presidente Joaquim de Sousa Ribeiro*, Almedina, 2019.

Fossas Espadaler, "Límites materiales al legislador penal: su interpretación por el tribunal constitucional y el tribunal europeo de derechos humanos", in *La tutela multinivel del principio de legalidad penal* (Mercedes Pérez Manzano / Juan Antonio Lascuraín Sánchez), Marcial Pons, 2016, p. 29 e ss.

Francesco Palazzo, *Valores Constitucionais e Direito Penal*, Sergio Antonio Fabris Editor, Porto Alegre, 1989;

—— "Offensività e Ragionevolezza nel controlo di costituzionalità sul contenuto dele leggi penali", *Rivista Italiana di Diritto e Procedura Penale*, Ano XLI, Fasc. 2, 1998, p. 350 e ss.;

—— "Direito penal e Constituição na experiência italiana", *Revista Portuguesa de Ciência Criminal*, 1999, p. 31 e ss.

Franco Bricola, "Teoria generale del reato", *Novissimo Digesto Italiano*, XIX, p. 7 e ss.

Frederico Costa Pinto, *A Categoria da Punibilidade na Teoria do Crime*, Tomo I, Almedina, 2013.

Gema Martínez Mora, *Alternativas jurídicas al tratamento penal de la delincuencia habitual*, Bosch, 2015.

Germano Marques da Silva, "Algumas notas sobre a consagração dos princípios da legalidade e da jurisdicionalidade na Constituição da República Portuguesa", *Estudos Sobre a Constituição* II, Petrony, 1978, p. 255 e ss;

—— *Direito Penal Português I. Parte geral. Introdução e teoria da lei penal*, Verbo, 2010;

—— "Sobre a incriminação do enriquecimento ilícito (não justificado ou não declarado). Breves considerações nas perspetivas dogmática e de política criminal", in *Homenagem de Viseu a Jorge de Figueiredo Dias*, Coimbra Editora, 2011, p. 47 e ss.

Gimbernat Ordeig, "Prólogo a la vigésima primeira edición", *Código Penal*, Tecnos, 2015.

Gomes Canotilho, "Teoria da legislação geral e teoria da legislação penal", *Estudos em Homenagem ao Prof. Doutor Eduardo Correia* I, Boletim da Faculdade de Direito da Universidade de Coimbra, 1984, p. 827 e ss.;

—— "Jurisdição constitucional e intranquilidade discursiva", *Perspetivas Constitucionais. Nos 20 anos da Constituição de 1976*, Volume I, Coimbra Editora, 1996, p. 871 e ss.;

—— "A jurisprudência constitucional referendária de 1998. Anotação aos Acórdão n.º 288/98, n.º 531/98 e n.º 532/98 do Tribunal Constitucional", *Revista de Legislação e de Jurisprudência*, Ano 131.º, 1998-1999, N.ºs 3886-3897, p. 344 e ss.;

—— *Direito Constitucional e Teoria da Constituição*, 7.ª edição, Almedina;

—— "Justiça Constitucional e Justiça Penal", *Revista Brasileira de Ciências Criminais*, 58, 2006, p. 329 e ss.

Gomes Canotilho/Vital Moreira, *Constituição da República Portuguesa Anotada*, volume I, Coimbra Editora, 2007.

Gómez Martín, "Promoción de la igualdad o protección de la seguridade? A propósito de los delitos de odio y discriminación en el código penal español", in *Constitución y sistema penal*, Marcial Pons, 2012, p. 175 e ss.

Günter Stratenwerth, "Sobre la legitimación de los «delitos de conducta»", in *Límites al Derecho Penal. Principios operativos en la fundamentación del castigo* (Andrew von Hirsch / Kurt Seelmann / Wolfgang Wohlers, ed. Alemana // Robles Planas, ed. española), Barcelona, Atelier, 2012, p. 237 e ss.

Gustavo Badaró, "Legalidade penal e a homofobia subsumida ao crime de racismo: um truque de ilusionista. Ao julgador cabe interpretar a lei, mas não a reescrever", *Jota*, 24/05/2019.

Gustavo Zagrebelsky, *El derecho dúctil. Ley, derechos, justicia*, Madrid, Editorial Trotta, 1995.

Gustavo Zagrebelsky/Valeria Marcenò/Francesco Pallante, *Lineamenti di Diritto costituzionale*, Le Monnier Univrsità, 2014.

Hans-Jörg Albrecht, "Sicherheit und Prävention in strafrechtlichen Sanktionensystemen", in *Wegsperren? Freiheitsentziehende Massnahmen gegen gefährliche, strafrechtlich verantwortliche (Rückfall-) Täter* (Hans-Georg Koch), Duncker & Humblot, Berlin, 2011, p. 431 e s.

HUMBERTO ÁVILA, "«Neoconstitucionalismo»: entre o «direito da ciência» e a «ciência do direito»", *Revista Eletrônica de Direito do Estado*, Número 17, 2009, p. 1 e ss.;

—— *Teoria dos Princípios. Da definição à aplicação dos princípios jurídicos*, São Paulo, Malheiros Editores, 2015.

INÊS FERREIRA LEITE, "Direito penal europeu: do *corpus iuris* aos métodos de integração europeia", in *Direito Penal Económico e Financeiro. Conferências do Curso de Pós-graduado de Aperfeiçoamento* (Maria Fernanda Palma / Augusto Silva Dias / Paulo de Sousa Mendes), Coimbra Editora, 2013, p. 343 e ss.

INÊS HORTA PINTO, "O sistema de registo de identificação criminal de condenados pela prática de crimes contra a autodeterminação sexual e a liberdade sexual de menor: análise crítica à luz da política criminal e da Constituição", *Estudos em Homenagem ao Prof. Doutor Manuel da Costa Andrade*, Boletim da Faculdade de Direito da Universidade de Coimbra, volume I, 2017, p. 939 e ss.

INGO SARLET, "Constituição e proporcionalidade: o direito penal e os direitos fundamentais entre proibição de excesso e insuficiência", *Revista Brasileira de Ciências Criminais*, 47, 2004, p. 60 e ss.

JANAINA PASCHOAL, *Constituição, criminalização e direito penal mínimo*, Revista dos Tribunais, 2003.

JOANA AMARAL RODRIGUES, "A teoria do bem jurídico-penal: várias dúvidas e uma possível razão", *Revista Portuguesa de Ciência Criminal*, 2013, p. 167 e ss.;

—— *O Direito penal Europeu e a* dupla subsidiariedade. *Competência penal da União Europeia, condições do seu exercício e compatibilidade com o paradigma da proteção subsidiária de bens jurídicos*, Almedina, 2019.

JOÃO LOUREIRO, "A tentação de Midas: panconstitucionalismo (s), idolatria (s) e realização do direito", in *Juízo ou decisão? O problema da realização jurisdicional do direito* (Fernando José Bronze / José Manuel Aroso Linhares / Mário Alberto Reis Marques / Ana Margarida Simões Gaudêncio), Instituto Jurídico da Faculdade de Direito da Universidade de Coimbra, 2016, p. 87 e ss.

JOHANNA RINCEANU, "El futuro de la custodia de seguridade en Alemania", in *Securitismo y Derecho penal. Por un Derecho penal humanista*, Cuenca, Universidad Castilla-La Mancha, 2013, p. 159 e ss.

JORGE MIRANDA, *Manual de Direito Constitucional. Inconstitucionalidade e Garantia da Constituição*, tomo VI, Coimbra Editora, 2013.

JORGE MIRANDA / RUI MEDEIROS, *Constituição Portuguesa Anotada*, Volume I, Universidade Católica Editora, 2017.

KLAUS TIEDEMANN, "Constitucion y derecho penal", *Revista Española de Derecho Constitucional*, Año 11, Núm. 33, 1991, p. 145 e ss.

KNUT AMELUNG "El concepto «bien jurídico» en la teoria de la protección penal de bienes jurídicos", in *La teoria del bien jurídico. Fundamento de legitimación del Derecho penal o juego de abalorios dogmático?* (Roland Hefendehl / Andrew von Hirsch / Wolfgang Wohlers), Marcial Pons, 2016, p. 221 e ss.

LASCURAÍN SÁNCHEZG, *Sobre la retroactividad penal favorable*, Civitas, Madrid, 2000.

—— "Son discriminatorios los tipos penales de violencia de género?", *Revista Española de Derecho Costitucional*, núm. 99, 2013, p. 329 e ss.;

—— "El control constitucional de las leys penales", *Estudos em Memória do Conselheiro Artur Maurício*, Coimbra Editora, 2014, p. 739 e ss.;

—— "Pena indigna y arbitraria", *El mundo*, 2 de abril de 2015;

—— "Bem jurídico e objeto protegível", *Estudos em Homenagem ao Prof. Doutor Manuel da Costa Andrade*, volume I, Boletim da Faculdade de Direito da Universidade de Coimbra, 2017, p. 717 e ss.

Lascuraín Sánchez / Dopico Gómez-Aller, "#porunaleyjusta?", *Tribuna Abierta*, 21/07/2019.

Lenio Streck, *Verdade e Consenso. Constituição, Hermenêutica e Teorias Discursivas*, São Paulo, Saraiva, 2014.

Lothar Kuhlen, *La interpretación conforme a la Constitución de las leyes penales*, Marcial Pons, 2012.

Luciano Feldens, *Direitos Fundamentais e Direito Penal – A Constituição Penal*, Porto Alegre, Livraria do Advogado, 2012.

Luciano Feldens / Claudia Dadico, "A liberdade de expressão no Brasil do século XXI: limites e possibilidades ante o discurso do ódio", *Direito Penal e Constituição. Diálogos entre Brasil e Portugal* (Maria João Antunes / Fabio Roberto D'Ávila / Cláudia Santos / Nereu Giacomolli), Boutique Jurídica, 2018, p. 193 e ss.

Luís Greco, "Tem futuro a teoria do bem jurídico? Reflexões a partir da decisão do Tribunal Constitucional Alemão a respeito do crime de incesto (§ 173 *Strafgesetzbuch*)", *Revista Brasileira de Ciências Criminais*, 82, 2010, p. 165 e ss.;

—— "Proteção de bens jurídicos e crueldade com animais", *Revista Liberdades*, n.º 3, janeiro-abril, 2010, p. 47 e ss.

Luíza Nívea Pessoa, "Análise sobre a constitucionalidade do artigo 28 da Lei n. 11.343/06 à luz da teoria do bem jurídico", *Direito Penal e Constituição. Diálogos entre Brasil e Portugal* (Maria João Antunes / Fabio Roberto D'Ávila /Cláudia Santos / Nereu Giacomolli), Boutique Jurídica, 2018, p. 231 e ss.

Luigi Ferrajoli, "Constitucionalismo principialista y constitucionalismo garantista", *Doxa. Cuadernos de Filosofia del Derecho*, 34, 2011, p. 15 e ss.

Mafalda Miranda Barbosa / João Pedro Rodrigues, "Da (in)competência do Tribunal Constitucional para apreciar violações do Princípio da Legalidade Criminal: breve reposicionamento crítico em sede Metodológica", *Estudos em Homenagem ao Prof. Doutor António Castanheira Neves*, III volume, Boletim da Faculdade de Direito da Universidade de Coimbra, *Stvdia Ivridica 92, Ad Honorem – 3*, p. 83 e ss.

Mafalda Serrasqueiro, "Moral ou dignidade no lenocínio: Um crime à procura de um bem jurídico", in *A Dignidade da Pessoa Humana na Justiça Constitucional* (Jorge Reis Novais / Tiago Fidalgo de Freitas), Almedina, 2018, p. 417 e ss.

Marcelo Neves, *Transconstitucionalismo*, WMF Martins Fontes, 2009.

María Acale Sánchez, "Medidas de seguridade postpenitenciarias en el código penal español; el movimento de defensa social retro del siglo XXI", in *Securitismo y Derecho penal. Por un Derecho penal humanista*, Cuenca, Universidad Castilla-La Mancha, 2013, p. 125 e ss.;

Maria Fernanda Palma, "Consumo e tráfico de estupefacientes e Constituição: absorção do 'Direito Penal de Justiça' pelo 'Direito Penal Secundário'", *Revista do Ministério Público*, N.º 96, 2003, p. 21 e ss.;

—— "Constituição e direito penal. As questões inevitáveis", in *Casos e Materiais de Direito Penal*, Almedina, 2004, p. 21 e ss.;

—— *Direito Constitucional Penal*, Almedina, 2006;

—— "O legislador negativo e o intérprete da Constituição", *O Direito*, Ano 140.º, 2008, p. 523 e ss.;

—— "Direito Penal especial: o vértice do sistema penal", in *Direito Penal Económico e Financeiro. Conferências do Curso de Pós-graduado de Aperfeiçoamento* (Maria Fernanda Palma / Augusto Silva Dias / Paulo de Sousa Mendes), Coimbra Editora, 2013, p. 11 e ss.;

—— "Conceito material de crime e reforma penal", *Anatomia do Crime*, N.º 0, 2014, p. 11 e ss.;

—— "O argumento criminológico e o princípio da necessidade da pena no juízo de constitucionalidade", *Julgar*, 2016, p. 105 e ss.

—— *Direito Penal. Conceito material de crime, princípios e fundamentos. Teoria da lei penal: interpretação, aplicação no tempo, no espaço e quanto às pessoas*, AAFDL, 2019.

Maria João Antunes, "Abertura da audiência para aplicação retroativa de lei penal mais favorável", *Revista Portuguesa de Ciência Criminal – A reforma do direito processual penal português em perspetiva teórico-prática*, 2008, p. 333 e ss.;

"Procriação medicamente assistida – questões novas ou questões renovadas para o direito penal?", *Estudos em Homenagem ao Prof. Doutor Jorge de Figueiredo Dias*, volume III, Boletim da Faculdade de Direito da Universidade de Coimbra, Coimbra Editora, 2010, p. 81 e ss.

—— "A problemática penal e o Tribunal Constitucional", *Estudos em Homenagem ao Prof. Doutor José Joaquim Gomes Canotilho*, volume I, Boletim da Faculdade de Direito da Universidade de Coimbra, Coimbra Editora, 2012, p. 97 e ss.;

—— "Direito penal, direito processual penal e direito da execução das sanções privativas da liberdade e jurisprudência constitucional", *Julgar*, Setembro-Dezembro, 2013, p. 89 e ss.;

—— "Direito penal fiscal – algumas questões da jurisprudência constitucional", *Direito Penal: Fundamentos Dogmáticos e Político-Criminais. Homenagem ao Prof. Peter Hünerfeld*, Coimbra Editora, 2013, p. 787 e ss.;

—— "Dos atos homossexuais com adolescentes aos atos sexuais com adolescentes (da norma dos casos à norma do artigo 173.º do Código Penal)", *Estudos em Memória do Conselheiro Artur Maurício*, Coimbra Editora, 2014, p. 1009 e ss.;

—— "Novos desafios da jurisdição constitucional em matéria penal", *Direito penal e política criminal. Atas do 6.º Congresso Internacional do PPGCCrim/PUCRS, II Congresso Internacional do Instituto Eduardo Correia, Brasil/Portugal, XV Congresso Transdisciplinar de Ciências Criminais – ITEC/RS, Porto Alegre, setembro de 2015*, (Fábio Roberto D'Ávila / Daniel Leonhardt dos Santos), Porto Alegre, EdiPUCRS, 2016, p. 61 e ss.;

—— "Beleza dos Santos e Eduardo Correia. Obra Única e Original", *Cadernos do Centenário. Conferências Beleza dos Santos e Eduardo Correia*, 2016, p. 33 e ss.

—— *Penas e Medidas de Segurança*, Almedina, 2017.

—— "Proteção multinível do princípio da legalidade criminal – a «doutrina Parot» e o caso *Inés del Río Prada*", *Estudos em Homenagem ao Prof. Doutor Manuel da Costa Andrade*, volume I, Boletim da Faculdade de Direito da Universidade de Coimbra, 2017, p. 117 e ss.

Maria João Antunes / Cláudia Santos, *Comentário Conimbricense do Código Penal. Parte Especial*, Tomo I, Coimbra Editora, 2012.

Maria João Antunes / Susana Aires de Sousa, "Da relevância da identificação do bem jurídico protegido no crime de pornografia de menores", *Revista Portuguesa de Ciência Criminal*, 2019, p. 239 e ss.

Maria Lúcia Amaral, *A Forma da República. Uma Introdução ao Estudo do Direito Constitucional*, Coimbra Editora, 2005;

—— "O modelo europeu de justiça constitucional. Origens e fundamentos", *Estudos em Memória do Conselheiro Artur Maurício*, Coimbra Editora, 2014, p. 1025 e ss.

Mariângela Magalhães Gomes, *O princípio da proporcionalidade no direito penal*, Revista dos Tribunais, 2003;

—— *Direito Penal e Interpretação Jurisprudencial. Do Princípio da legalidade às súmulas vinculantes*, São Paulo, Atlas, 2008.

Mário de Brito, "Sobre as decisões interpretativas do Tribunal Constitucional", *Revista do Ministério Público*, 1995, n.º 62, p. 57 e ss.

Mark Tushnet, *Taking the Constitution away from The Courts*, Princeton University Press, 1999.

Massimo Donini, "Un Derecho Penal fundado en la carta constitucional: razones y limites. La experiencia italiana", *Revista Penal*, 2008, p. 24 e ss.;

—— "Principios constitucionales y sistema penal. Modelo y programa", *Derecho Penal del Estado Social y Democrático de Derecho. Libro homenaje a Santiago Mir Puig*, Madrid, La Ley, 2010, p. 85 e ss.;

—— *Poder Judicial y ética pública. La crisis del legislador y de la ciência penal en Europa*, Montevideo-Buenos Aires, B de F Ltda., 2015.

Michael Bunzel, "La fuerza del princípio constitucional de proporcionalidade como limite de la protección de bienes jurídicos en la sociedad de la información", in *La teoria del bien jurídico. Fundamento de legitimación del Derecho penal o juego de abalorios dogmático?* (Roland Hefendehl / Andrew von Hirsh / Wolfgang Wohlers), Marcial Pons, 2016, p. 141 e ss.

Mireille Delmas-Marty, "Deshumanización del derecho penal", in *Securitismo y Derecho penal. Por un Derecho penal humanista*, Cuenca, Universidad Castilla-La Mancha, 2013, p. 17 e ss.

Molina Fernández, "Las cicatrices jurídicas del terrorismo: la doutrina Parot y outras interpretaciones irrazonables de la ley", in *La tutela multinivel del principio de legalidad penal* (Mercedes Pérez Manzano / Juan Antonio Lascuraín Sánchez), Marcial Pons, 2016, p. 241 e ss.

Nuno Brandão, "Contrastes jurisprudenciais: problemas e respostas processuais penais", *Liber Discipulorum para Jorge de Figueiredo Dias*, Coimbra Editora, 2003, p. 1289 e ss.;

—— *Crimes e Contra-Ordenações: da Cisão à Convergência Material*, Coimbra Editora, 2016.

Otto Bachof, "Estado de direito e poder político: os tribunais constitucionais entre o direito e a política", *Boletim da Faculdade de Direito da Universidade de Coimbra*, LVI, 1980, p. 1 e ss.

Otto Lagodny, "El Derecho penal sustantivo como piedra de toque de la dogmática constitucional", in *La teoria del bien jurídico. Fundamento de legitimación del Derecho penal o juego de abalorios dogmático?* (Roland Hefendehl / Andrew von Hirsch / Wolfgang Wohlers), Marcial Pons, 2016, p. 123 e ss.

Pedro Albergaria/Pedro Lima, "O crime de lenocínio entre o moralismo e o paternalismo jurídicos", *Revista Portuguesa de Ciência Criminal*, 2012, p. 201 e ss.;

—— "Sete vidas: a difícil determinação do bem jurídico protegido nos crimes de maus-tratos e abandono de animais", *Julgar*, N.º 28, 2016, p. 125 e ss.

Pedro Caeiro, *Fundamento, Conteúdo e Limites da Jurisdição Penal do Estado.*

O Caso Português, Wolters Kluwer/Coimbra Editora, 2010.

—— "Sentido e função do instituto da perda de vantagens relacionadas com o crime no confronto com outros meios de prevenção da criminalidade reditícia (em especial, os procedimentos de confisco *in rem* e a criminalização do enriquecimento 'ilícito')", *Revista Portuguesa de Ciência Criminal*, 2011, p. 267 e ss.

Pedro Caeiro / José Miguel Figueiredo, "Ainda dizem que as leis não andam: reflexões sobre o crime de importunação sexual em Portugal e em Macau", *Revista Portuguesa de Ciência Criminal*, 2016, p. 233 e ss.

Pereira da Silva, *Dever de legislar e proteção jurisdicional contra omissões legislativas*, Universidade Católica Portuguesa, 2003.

Prieto Sanchís, *Justicia constitucional y derechos fundamentales*, Editorial Trotta, 2009;

—— "Ferrajoli y el neoconstitucionalismo principialista. Ensayo de interpretación de algunas divergencias", *Doxa. Cuadernos de Filosofia del Derecho*, 34, 2011, p. 229 e ss.

Quintero Olivares, "La construcción del bien jurídico protegido a partir de la Constitución", in *Derecho Penal Constitucional* (Quintero Olivares / Jaria i Manzano), Tirant lo blanch, 2015, p. 109 e ss.

Raquel Scalcon, *Controle Constitucional de Leis Penais. Da prognose legislativa sobre os efeitos potenciais e concretos da lei penal aos deveres de seu monitoramento e de melhoria da lei penal*, Lumen Juris, Rio de Janeiro, 2018.

Reale Ferrari, *Medidas de Segurança e Direito Penal no Estado Democrático de Direito*, Revista dos Tribunais, 2001.

Regis Prado, *Bem Jurídico-Penal e Constituição*, Revista dos Tribunais, 2015.

Reis Novais, A*s restrições aos direitos fundamentais não expressamente autorizadas pela Constituição*, Coimbra Editora, 2003;

—— D*ireitos fundamentais. Trunfos contra a maioria*, Coimbra Editora, 2006;

—— *Direitos fundamentais e justiça constitucional em estado de direito democrático*, Coimbra Editora, 2012;

—— A *Dignidade da Pessoa Humana. Dignidade e Direitos Fundamentais*, volume I, Almedina, 2015.

Robert Alexy, "La institucionalización de los derechos humanos en el estado constitucional democrático", *Derechos y Libertades*, Año 5, 2000, Número 8, p. 21 e ss.;

—— "Direitos Constitucionais e Fiscalização da Constitucionalidade", *Boletim da Faculdade de Direito da Universidade de Coimbra*, Vol. LXXXVIII, tomo II, 2012, p. 511.

Roland Hefendehl, "De largo aliento: el concepto de bien jurídico. O que há sucedido desde la aparición del volumen colectivo sobre la teoria del bien jurídico", in *La teoria del bien jurídico. Fundamento de legitimación del Derecho penal o juego de abalorios dogmático?* (Roland Hefendehl / Andrew von Hirsch / Wolfgang Wohlers), Marcial Pons, 2016, p. 449 e ss.

Rui Medeiros, A *decisão de inconstitucionalidade. Os autores, o conteúdo e os efeitos da decisão de inconstitucionalidade da lei*, Universidade Católica, 1999;

—— "A força expansiva do conceito de norma no sistema português de fiscalização concentrada da constitucionalidade", *Estudos em Homenagem ao Prof. Doutor Armando M. Marques Guedes*, Coimbra Editora, 2004, p. 183 e ss.

—— *A Constituição Portuguesa num contexto global*, Universidade Católica Editora, 2015.

Rui Pereira, "O princípio da igualdade em direito penal", *O Direito*, Ano 120.º, 1988, p. 109 e ss.;

—— "A relevância da lei penal inconstitucional de conteúdo mais favorável ao arguido", *Revista Portuguesa de Ciência Criminal*, 1991, p. 55 e ss.;

—— *O crime de aborto e a reforma penal*, Associação Académica da Faculdade de Direito de Lisboa, 1995.

Salo de Carvalho, "Sobre a criminalização da homofobia: perspetivas desde a criminologia *queer*", *Revista Brasileira de Ciências Criminais*, Ano 20, 99, 2012, p. 187 e ss.

—— *Penas e Medidas de Segurança no Direito Penal Brasileiro*, Saraiva, 2015.

Santiago Mir Puig, *Bases Constitucionales del Derecho Penal*, Justel, 2011.

Saragoça da Mata, "Criminalização de atos homossexuais com adolescentes. Anotação ao Acórdão do Tribunal Constitucional n.º 247/2005", *Jurisprudência Constitucional*, n.º 5, 2005, p. 24 e ss.

Silva Dias, *«Delicta in Se» e «Delicta Mere Prohibita». Uma Análise das Descontinuidades do Ilícito Penal Moderno à Luz da Reconstrução de uma Distinção Clássica*, Coimbra Editora, 2003.

Silva Franco / Rafael Lira / Yuri Santana, *Crimes Hediondos*, Revista dos Tribunais, 2011.

Sousa e Brito, "A lei penal na Constituição [Artigos 29.º, n.ºs 1, 2, 3, 4; 167.º, alínea e)]", in *Estudos Sobre a Constituição* II, Petrony, 1978, p. 197 e ss.;

—— "Jurisdição constitucional e princípio democrático", in *Legitimidade e Legitimação da Justiça Constitucional. Colóquio no 10.º Aniversário do Tribunal Constitucional*, Coimbra Editora, 1995, p. 39 e ss.

Susana Aires de Sousa, *Os Crimes Fiscais. Análise Dogmática e Reflexão sobre a Legitimidade do Discurso Criminalizador*, Coimbra Editora, 2006.

—— "Argos e o direito penal (uma leitura dos "crimes contra animais de companhia" à luz dos princípios da dignidade e da necessidade", *Julgar*, N.º 32, 2017, p. 147 e ss.

Susana Huerta Tocildo, "La anulación de la doctrine Parot por STEDH de 21 de octubro de 2013: mucho ruido para un fallo juridicamente cantando", in *La tutela multinivel del principio de legalidad penal* (Mercedes Pérez Manzano / Juan Antonio Lascuraín Sánchez), Marcial Pons, 2016, p. 265 e ss.

Taipa de Carvalho, *Direito Penal. Parte Geral. Questões Fundamentais. Teoria Geral do Crime*, Universidade Católica Editora, Porto, 2016.

Tatjana Hörnle, "La protección de sentimentos en el STGB", in *La teoria del bien jurídico. Fundamento de legitimación del Derecho penal o juego de abalorios dogmático?* (Roland Hefendehl / Andrew von Hirsch / Wolfgang Wohlers), Marcial Pons, 2016, p. 375 e ss.

Teresa Pizarro Beleza, *Direito Penal*, 1.º volume, Associação Académica da Faculdade de Direito de Lisboa, 1985;

—— "A revisão da Parte Especial na reforma do Código Penal: legitimação, reequilíbrio, privatização, «individualismo»", in *Jornadas sobre a revisão do Código Penal* (Maria Fernanda Palma/ Teresa Pizarro Beleza), Associação Académica da Faculdade de Direito da Lisboa, 1998, p. 89 e ss.;

—— "Reconciliação, culpa e castigo. Uma breve reflexão a partir de Oshima e Coetzee", in *Homenagem de Viseu a Jorge de Figueiredo Dias*, Coimbra Editora, 2011, p. 65 e ss.;

—— *Direito das mulheres e da igualdade social. A construção jurídica das relações de género*, Almedina, 2010.

TERESA RODRÍGUEZ MONTAÑÉS, "Ascenso y caída de la doctrina Parot: tutela multinível de los derechos a la legalidade y a la liberdad", in *La tutela multinivel del principio de legalidad penal* (Mercedes Pérez Manzano / Juan Antonio Lascuraín Sánchez), Marcial Pons, 2016, p. 291 e ss.

Terrorismo, Legislação Comentada e Textos Doutrinais (José Manuel Aroso Linhares / Maria João Antunes), Instituto Jurídico da Faculdade de Direito da Universidade de Coimbra, 2019.

TERRY THOMAS/DAVID THOMPSON, "Making offenders visible", *The Howard Journal of Crime and Justice*, vol. 49, 4, september, 2010, p. 340 e ss.

VIEIRA DE ANDRADE, *Os Direitos Fundamentais na Constituição Portuguesa de 1976*, Almedina, 2019.

VILLAVERDE MENÉNDEZ, "Principio de taxatividad. Una reflexión jurisprudencial", in *La tutela multinivel del principio de legalidad penal* (Mercedes Pérez Manzano / Juan Antonio Lascuraín Sánchez), Marcial Pons, 2016, p. 81 e ss.

VITAL MOREIRA, "Princípio da maioria e princípio da constitucionalidade", in *Legitimidade e Legitimação da Justiça Constitucional. Colóquio no 10.º Aniversário do Tribunal Constitucional*, Coimbra Editora, 1995, p. 177 e ss.;

—— "O Tribunal Constitucional Português: a *Fiscalização Concreta* no Quadro de um Sistema Misto de Justiça Constitucional", *Sub Judice*, n.ºs 20-21, 2001.

VIVES ANTON, "Valoraciones etico-sociales y jurisprudencia constitucional: el problema del aborto consentido", *Revista Española de Derecho Constitucional*, Año 5, Núm. 15, 1985, p. 121 e ss.

WILFRIED BOTTKE, "*Roma locuta ca9usa finita?* Adiós a la exigência de protección de los bienes jurídicos?", in *Derecho Penal del Estado Social y Democrático de Derecho. Libro homenaje a Santiago Mir Puig*, La Ley, 2010, p. 101 e ss.

WINFRIED HASSEMER, "El principio de proporcionalidade como limite de las intervenciones jurídico-penales", in *Límites al Derecho Penal. Principios operativos en la fundamentación del castigo* (Andrew von Hirsch / Kurt Seelmann / Wolfgang Wohlers, ed. alemana // Robles Planas, ed. española), Barcelona, Atelier, 2012, p. 193 e ss.;

—— "Puede haber delitos que no afectem a un bien jurídico penal?", in *La teoria del bien jurídico. Fundamento de legitimación del Derecho penal o juego de abalorios dogmático?* (Roland Hefendehl / Andrew von Hirsch / Wolfgang Wohlers), Marcial Pons, 2016, p. 91 e ss.

WOLFGANG WOHLERS, "Derecho penal como *ultima ratio*. Principio fundamental del Derecho penal de un Estado de Derecho o principio sin un contenido expressivo próprio?", in *Límites al Derecho Penal. Principios operativos en la fundamentación del castigo* (Andrew von Hirsch / Kurt Seelmann / Wolfgang Wohlers, ed. alemana // Robles Planas, ed. española), Barcelona, Atelier, 2012, p. 109 e ss.;

—— "Las jornadas desde la perspectiva de un escéptico del bien jurídico", in *La teoria del bien jurídico. Fundamento de legitimación del Derecho penal o juego de abalorios dogmático?* (Roland Hefendehl / Andrew von Hirsch / Wolfgang Wohlers), Marcial Pons, 2016, p. 393.